Orando Paz

Outros livros de James F. Twyman

Emissário da Luz – Ed. Rocco

O Segredo do Amado Discípulo – Ed. TRIOM

Retrato do Mestre
A Oração de São Francisco de Assis – Ed. TRIOM

As 10 Lições Espirituais que Aprendi num Shopping –
Ed. Pensamento

Orando Paz

James F. Twyman

O Trovador da Paz conversa com Gregg Braden e Doreen Virtue sobre os Sete Caminhos para a Paz e apresenta as Orações pela Paz de Doze Tradições Espirituais

Tradução de
Dimas David dos Santos Silva

TRIOM

Centro de Estudos Marina e Martin Harvey
Editorial e Comercial Ltda

1.ª Edição – São Paulo – 2011

Título original
Praying Peace

Primeira publicação: Findhorn Press, Escócia, 2000

Tradução: Dimas David dos Santos Silva
Revisão: Ruth Cunha Cintra
Capa: domdeCrescer
Diagramação: Casa de Tipos Bureau e Editora Ltda.

Dados Internacionais de Catalogação na Publicação (CIP)
(Câmara Brasileira do Livro, São Paulo, SP, Brasil)

Twyman, James F.
Orando paz / James F. Twyman ; tradução de
Dimas David dos Santos Silva.
São Paulo: TRIOM, 2011.

Título original: Praying peace.
"O Trovador da Paz conversa com Gregg Braden e Doreen Virtue sobre os sete caminhos para a paz e apresenta as orações pela paz de doze tradições espirituais".
ISBN 978-85-85464-69-1

1. Amor 2. Meditações 3. Orações 4. Paz
I. Braden, Gregg. II. Virtue, Doreen. III. Título.

08-03603 CDD-291.56242

Indices para catálogo sistemático:

1. Paz : Orações e meditações: Ética religiosa 291.56242

Sumário

Parte 1

Introdução

Aqui vai uma pergunta que você talvez já tenha feito a si mesmo no passado e que frequentemente é levantada em círculos filosóficos ou de estudos espirituais. Se você for otimista, você há de concordar com esta premissa que vou propor, ainda que alguns a considerem, no mínimo, irrealista. Até hoje, a resposta é uma questão de opinião, dependendo mais de um ponto de vista particular do que de prova irrefutável. Às vezes, no entanto, aquilo que era considerado mera fantasia no passado, hoje é fato corriqueiro da vida. Creio que isso se aplica à pergunta em questão.

A pergunta é: "Uma pessoa suficientemente motivada consegue mudar o mundo?" Quantos exemplos de pessoas que realizaram contribuições vitais para a ciência ou para a paz no mundo conseguimos recordar, pensando: "É verdade! Essa pessoa realmente conseguiu efetuar uma mudança para melhorar o mundo"? Todos temos um herói pessoal, alguém que seja de nossa preferência; alguém que, mesmo banhado pela luz da consciência, tem imperfeições comuns ao ser humano e, ainda assim, continua a nos inspirar e a nos dar um alento de esperança.

E você? Uma coisa é nos referirmos a um Albert Einstein ou um Mahatma Ghandi como grandes fatores de mudança no mundo, porém é muito diferente quando se trata de alguém como nós, capazes de criar um impacto igual não necessariamente na arena pública, mas de modo íntimo e com resultados igualmente relevantes. Você tem estofo para mudar o mundo, para propiciar uma mudança no curso da evolução humana a ponto de fazer uma real diferença para melhor? Ou será que você é simplesmente um outro rosto na multidão, navegando no barco que chamamos de vida, dirigindo-se para um destino incerto, sem nenhum poder de decisão?

Esta é uma das grandes questões na vida, e o objetivo final desse livro é respondê-la de uma vez por todas. Terá você o poder de mudar o mundo, de causar um impacto no modo como vemos nossas experiências ou no porquê de estarmos aqui? A resposta é uma só: SIM! A verdade, se você for realmente honesto, é que você sempre teve essa força e esse poder. As decisões que tomou deram forma a todas as experiências do mundo que você teve, a todos os aspectos da vida que você viveu até agora. Como você encara o fato de ter mais poder em seu interior do que jamais imaginou? Como você vê a possibilidade de ser muito mais importante e significativo do que pensava ser? O que mudaria com isso?

O título deste livro, *Orando Paz*, pode trazer certo desconforto para alguns. Eu, pessoalmente, não tenho problema em encarar desconfortos como oportunidades para dar uma boa sacudidela nos padrões habituais que formatam nossa vida. Abdicar desses hábitos pode significar uma caminhada para o ponto de real transformação, sendo essa a finalidade maior deste livro. Quando ouvimos as palavras prece, reza, oração, podemos imediatamente nos lembrar do catecismo ou da escola dominical quando éramos repreendidos por esquecer um trecho do Pai Nosso (eu pensava que o verdadeiro nome de Deus era 'Howard' por causa do trocadilho que fazia: "Our Father who art in Heaven, 'Howard' be thy name."[1]) Ou quando ouvimos a palavra 'Paz' e imediatamente a associamos ao movimento *hippie* dos anos 60 quando toda uma geração entoava "Paz e amor, bicho!".

Talvez esteja na hora de redimensionar essas palavras de forma que elas nos confiram mais forças para superar os limites da religião e dos costumes. Talvez Oração queira dizer mais do que pensávamos e Paz tenha se tornado mais do que uma simples ideia, passando a ser uma forte realidade.

Assim, vamos iniciar este processo de descoberta, definindo de uma vez por todas o significado destas duas palavras que vão aparecer muitas vezes neste livro: Oração e Paz. Confesso que é quase impossível comunicar as verdades sutis que aqui buscamos através de meras palavras. Afinal de contas, as palavras são "símbolos de símbolos", como diz *Um Curso em Milagres*[2] e, portanto, duas vezes distantes da verdade. Buscamos, de fato, a experiência por trás das palavras, o sentimento que nos ensina aquilo que meras palavras não conseguem ensinar. Por enquanto, vamos tentar esquecer essas limitações e seguir em frente, na esperança de que uma ou duas palavras deste livro possam evocar à memória algo mais profundo.

Vamos definir Oração como *Tornar-se Consciente da Consciência de Deus.* Vamos fazer uma pequena pausa aqui e nos inspirar nisso, já que a vivência que queremos evocar é de suma importância. Antes de mais nada, o que é a Consciência de Deus? Independentemente da definição que dermos à Realidade Final (conhecida como Deus), acho que podemos concordar que Ele/Ela está plenamente consciente de nós, de todos nós, o tempo todo. Essa Mente Infinita, não estando limitada pelas distrações que com

---

[1] NT: trocadilho intraduzível para o português.

[2] NT: *Um Curso em Milagres*, canalizado por Helen Schucman, Ed. Abalone, www.editora-abalone.com.br.

muita frequência roubam nossa atenção, concentra-se sempre, e de todas as maneiras, nas verdades interiores de cada um de nós. Podemos até dizer que esse é o verdadeiro ato de amor, já que achamos tão difícil nos concentrar em nossa verdade interior. Assim é que Deus não se deixa enganar por todas as mudanças, transformações e ilusões mutáveis que parecem reger nossas vidas, mas permanece focado na constante que definimos como 'Realidade'. Além disso, esse Ser, qualquer que ele seja, jamais nos esquece, por um instante sequer.

Quando estava no primeiro ano do colegial, lembro-me do padre que nos ensinava religião ter perguntado se seria possível que Deus nos esquecesse. Deve ter soado como uma pergunta difícil para a classe, pois eu fui o único a ter coragem de levantar a mão. "Não, Deus não pode nos esquecer nem por um segundo." Ao que o padre perguntou: "Por que não?" "Porque... nós não existiríamos." Pareceu uma boa resposta na ocasião e aparentemente foi o suficiente para contentar o professor. Pensando em retrospecto, teria sido melhor responder que: "Nós nunca sequer existiríamos se fosse possível que Deus nos esquecesse. Portanto, o simples fato de estarmos vivos e conscientes dessa existência, significa que Deus existe e de que está ciente de todos nós."

Se estabelecermos isso como verdadeiro, a próxima pergunta é: "Como fazer para nos tornarmos conscientes dessa Consciência?" Digamos que Consciência tenha aqui o significado de comunicação. Não podemos nos comunicar com ninguém, a não ser que estejamos conscientes de sua existência. Deus está sempre ciente de nós, assim o fato é que, se não estamos o tempo todo cientes de Deus, nós é que rompemos a comunicação. Ao nos tornarmos conscientes da Consciência de Deus, agimos no sentido de re-estabelecer o fluxo de informação entre a Fonte e nós mesmos. Para descrever esta experiência de conexão escolhemos a palavra Oração.

Nossa segunda palavra, Paz, é um pouco mais difícil de definir. Eu gostaria de começar sugerindo as palavras de São Paulo que assim se referiu à "Paz que ultrapassa a compreensão". É muito difícil para nós, se não de todo impossível, imaginarmos qualquer experiência sem o seu oposto. Se ouvimos dizer que alguém é bom, imediatamente nos vem à mente alguém que é mau. Se mergulhamos no mar frio, imediatamente nos lembramos de uma banheira com água quentinha. Pensamos em termos de contrastes, como se a vida fosse uma balança onde medimos toda experiência contrastando com seu oposto.

Paz, então, não é o oposto de guerra, mas sim uma experiência que transcende qualquer definição, e que nos une à nossa natureza eterna.

Será possível que possamos vivenciar algo tão puro, tão íntegro que nada se lhe compara? Melhor dizendo, se formos capazes de ter tal experiência, teremos palavras para descrevê-la? A resposta para a primeira questão é sim e para a segunda é não. É, de fato, muito possível que se vivencie uma experiência que não tenha opostos, mas somente se estivermos dispostos a descartar velhos julgamentos sobre o mundo, sobre os outros e, principalmente, sobre nós mesmos. E, no entanto, uma vez que entramos nesse recinto sagrado, as palavras já não funcionam. Volto a repetir: as palavras são símbolos de símbolos e nunca conseguem descrever aquilo que permanece por trás de cada símbolo. "Disto não podemos falar" dizem os místicos, pois a experiência da realidade vai além da compreensão da mente racional.

Paz, para o nosso propósito, é a realidade que se encontra por trás de cada símbolo, de cada palavra e de toda tentativa de definir aquilo que não tem definição. Quando entramos em estado de comunicação com o Divino, isto é, fazemos a Oração, é quando nos tornamos Conscientes de Deus e temos a Experiência da Paz. Esta é a fórmula básica empregada neste livro.

Tendo compreendido isso, como 'Oramos Paz'? Existe algum modo pelo qual possamos usar esta fórmula para imprimir uma diferença no planeta, criando um mundo baseado nas leis do amor?

Nesta era de tecnologia e de descobertas científicas, fomos levados a acreditar que a força e o poderio econômico definem poder. Alguns de nós ainda temos na lembrança o despertar da era atômica quando uma arma foi desenvolvida, uma só, capaz de destruir uma cidade inteira. Foi-nos dito que isso era poder. Muitos passaram por uma guerra fria, baseada não nas armas tradicionais, mas em um jogo de xadrez que envolvia argúcia de líderes que demonstravam coragem e prudência em face de uma possível aniquilação global. Mais uma vez o mundo foi levado a crer que essa era a essência do poder. Na frente científica, as descobertas levaram os cientistas a reformular séculos da versão das leis naturais da física newtoniana. Isso, afinal, era o suprassumo do poder.

Há, todavia, um poder que é mais antigo do que todas essas descobertas, mais evidenciado do que quaisquer fórmulas científicas e, muitas vezes, mais ridicularizado do que a noção da terra plana. Em nossa corrida por um universo mais poderoso, esquecemos o fato de que o poder é interior, sendo aí, no âmago, o local onde nascem e residem a realidade e a concretização. Afinal, as grandes obras de arte da humanidade, suas fantásticas estruturas e nossos maiores avanços não nasceram do pó ou do barro, mas sim do interior de nossas mentes. Todos esses legados inspirados tiveram uma origem em comum – nasceram em um mundo invisível aos olhos, porém encontraram uma expressão no físico e na forma. O poder verdadeiro, portanto, não está 'lá fora', mas está tão perto que frequentemente nos esquecemos de dar o devido crédito a quem ou àquilo que merece.

A grande maioria das pessoas está pronta a aceitar esta afirmação como um fato confirmado e provavelmente já o fez. O objetivo deste livro, no entanto, é ir um passo além para ver o que está por trás deste maravilhoso espírito que temos e descobrir a verdadeira origem da criação. A maioria de nós foi criada para acreditar que a oração tem o poder de influenciar nossas vidas, porém nunca nos ensinaram que ela é o fundamento primordial do poder 'real', uma força criativa que não só pode influenciar o mundo, mas que também o concretiza. O que você acha do conceito de que a oração é muito mais do que meramente ajoelhar-se ao pé da cama antes de dormir e recitar algumas fórmulas, como nos ensinaram a fazer? O que você diria se soubesse que existe um sistema, uma ciência de fato, por trás do misterioso véu que tem o poder de tudo mudar, principalmente nossas próprias vidas? Se isso for verdade, se você sempre teve a chave da paz sem limitações, da felicidade e da alegria, prepare-se, pois tudo vai mudar em breve.

Faça uma pausa e pense em suas próprias atitudes em relação à oração. Eu particularmente, tive muita sorte por ter recebido uma formação sólida de meus pais e de outros professores que instilaram em mim um grande respeito por esta prática misteriosa chamada oração. Fui criado com uma forte raiz de origem irlandesa e católica que me deixou propenso a todas as coisas místicas. Diferentemente de muitos de meus amigos, eu não tinha qualquer problema para ir à igreja; pelo contrário, eu até insistia em ir. Ainda que eu estivesse exposto às mesmas criancices contra as quais muitas pessoas se queixam quando se tornam adultas (principalmente quando se tornam adultas), de uma certa forma, eu, embora bem pequeno, já conseguia ver além da forma e podia divisar algo de essencial que atraia minha atenção desde a mais tenra idade.

O rosário era meu mantra e eu ansiava por participar dos rituais mágicos que via o padre fazer no altar. Para mim, ele mais parecia um mago e, assim que pude, com 18 maduros anos de idade, fui embora de casa para entrar na abençoada instituição que havia me criado, a igreja que soprou ar em meus pulmões, dando-me vida.

Ah! Se tudo fosse assim tão simples! Eu era muito jovem para assumir tal compromisso, ou intuitivamente percebi que meu destino me havia preparado um outro caminho. Abandonei a ordem dos franciscanos depois de uma ano e meio e comecei uma existência muito mais comum. Ainda assim, aqueles primeiros anos ecoaram e nunca foram totalmente banidos de meu espírito levemente maculado, e, não muito tempo depois, continuei minha busca pela sabedoria fora das paredes de meu antigo claustro.

Percebi, através de pesquisas de outras religiões e outros caminhos espirituais, que todos caminhamos na mesma direção – em busca da Paz. Essa busca pode ser conhecida por nomes diferentes e estar em lugares diversos, mas, no fundo, quando se consegue enxergar além das armadilhas e dos dogmas de cada religião, encontra-se um insaciável desejo por se viver em paz, por se ter a experiência da "paz que ultrapassa a compreensão". Essa descoberta virou meu mundo de pernas para cima.

Assim se estabeleceu meu caminho de oração. Eu sabia ser essa uma força portentosa, porém não sabia ainda quão poderosa ela realmente é. Eu parecia um atleta que tenta superar seus limites para ver o máximo de velocidade que consegue alcançar; assim era eu, testando, determinado a ver quanto a oração poderia mudar o mundo. Diziam-me que a oração é simplesmente uma forma passiva, uma paixão autoindulgente dos fracos de mente, ou, na melhor das hipóteses, um enfoque sectário do crescimento espiritual, porém, algo me dizia que havia muito mais a ser explorado. Comecei a suspeitar que há um fio em comum que nos coloca juntos, mudando a forma como nos encaramos mutuamente e inclusive como vemos a Deus e a nós mesmos. Para mim, o fio era a oração pela paz dita pelas diferentes religiões do mundo, e quando eu entrei em contato com essas diversas orações, agarrei-me a elas como um náufrago se agarra a uma balsa pequena.

Em novembro de 1986, algo incrível aconteceu em Assis, na Itália, terra de São Francisco. O Papa João Paulo II resolveu que estava na hora dos líderes das doze maiores religiões do mundo se juntarem para fazer uma celebração pela paz. Que ideia fantástica! E cada um deles trouxe um presente para ser ofertado aos outros, algo que para mim foi mais valioso que ouro ou brilhantes. Durante uma cerimônia de monumental importância para os séculos seguintes, cada um desses líderes espirituais rezou a oração de sua tradição que melhor definisse seu anseio por paz. Eles oraram e prestaram atenção e, ao término, perceberam um fato muito importante – todos queriam a mesma coisa. Mais do que isso, se certas palavras como Alá, Buda ou Cristo fossem tiradas da oração, não se conseguiria distinguir uma da outra, não se podendo dizer a qual tradição cada uma pertencia. Maravilhoso! O mundo passou a ver que não estamos tão distantes uns dos outros, no final das contas. E as religiões do mundo, aquelas mesmas instituições que no passado usaram sua fé em um Deus de amor como motivo de intolerância e guerra, tornaram-se os arautos brilhantes de que se inaugurava uma nova era de paz.

Como eu poderia saber que essas orações iriam definir e colocar uma nova atividade em minha vida? Um dia, eu estava sentado em meu quarto remexendo em uma gaveta, quando vi um pedaço de papel que me havia sido dado por um amigo e ao qual nem tinha prestado atenção. Naquele momento, porém, senti uma atração, uma espécie de chamado divino, que me obrigou a ler e a pegar o violão que estava encostado em uma parede ao meu lado. Ao ler cada oração, a música vinha, não da minha vontade mas de uma fonte de profunda inspiração cuja existência eu desconhecia até então. As palavras e a melodia se fundiam, tornando-se uma coisa só, uma só expressão da graça que não podia definir, só vivenciar. Quando acabou, eu me dei conta com surpresa, que nem uma hora inteira havia se passado e eu musicara as 12 orações. Algo mudara em minha vida e eu já o pressentia. Algumas respostas foram encontradas e outras perguntas surgiram, porém, de repente, eu sabia que rumo tomar na vida e também sabia que as orações pela paz teriam um papel central.

O que aconteceu a seguir já foi contado em tantos livros e artigos que não vale a pena mencionar aqui, só o fato de que uma aventura incrível começou então, não tendo terminado até agora. As orações pela paz, que haviam cantado sua melodia para mim, levaram-me pelo mundo todo, com frequência a lugares que eu nunca havia sonhado em visitar – Iraque, Irlanda do Norte, Kosovo, Sérvia, Timor Leste, Israel, Bósnia e Croácia. Alguma coisa realmente acontecia com as pessoas quando ouviam as orações e comecei a perceber que algo acontecia quando se rezava coletivamente com o coração. Talvez fossem muito mais do que canções bonitas ou belas orações. E se a música fosse a melhor maneira de fazer as pessoas se concentrarem na unificação e na compaixão, e as orações pela paz fossem somente uma boa desculpa para percebermos o enorme potencial encerrado em nós? Tudo o que me acontecera até então subitamente começava a entrar nos eixos, trazendo um sentido para os devaneios piedosos de minha juventude e meu zelo pela paz. Como sempre acontece, o 'joão-teimoso' da minha vida conseguiu se equilibrar, encontrando seu centro.

Muito do que aconteceu depois em minha vida começou quando, em 1998, recebi um convite do governo do Iraque para ir a Bagdá me apresentar em um Concerto pela Paz na mesma semana em que os Estados Unidos e a Grã-Bretanha se preparavam para iniciar uma campanha de bombardeio da região, o primeiro depois da Guerra do Golfo. Lembro-me do medo que sentia ao chegar em Amã, na Jordânia, e depois ao tomar o táxi que me levaria em uma viagem de 12 horas até o Iraque. Não se podia ir de avião por conta do embargo. Não seria a primeira vez que me unia aos meus irmãos e irmãs em prol da paz em um país em guerra. Havia, porém, nessa situação, algo que a tornava única, como um sentimento de urgência que impregnou toda a viagem de ida.

Quando finalmente cheguei a Bagdá, fui levado ao Hotel Rashid, um dos mais bonitos do Oriente Médio; ao tirar minha bagagem do táxi, notei um mosaico lindo mas muito estranho na calçada do hotel perto da porta de entrada. A figura central era um rosto de homem, rangendo os dentes como um animal ou um louco. O fato interessante era de que se precisava pisar na face, que me pareceu familiar, para entrar no prédio. Parecia uma caricatura de George Bush que fora o presidente dos Estados Unidos a infligir uma humilhante derrota ao governo do Iraque em 1991. Dei um passo atrás para dar uma olhada melhor. Abaixo da figura no mosaico li a frase (em inglês): "Bush é um criminoso". Percebi, com a rapidez de um tiro de canhão, que chegara ao lugar certo.

Apesar das hostilidades, minha experiência com as pessoas do Iraque não poderia ser mais contrastante. Elas não só foram muito educadas e carinhosas, como estavam claramente interessadas em encontrar uma saída para o jogo de xadrez político de modo a não haver maiores danos. A maioria das pessoas com quem me encontrei parecia ter uma antipatia silenciosa por Saddam Hussein. O fato é que qualquer dissidência manifestada seria punida com prisão e mesmo com pena de morte. Fui convidado para festas e entrevistado mais de uma dúzia de vezes, tendo ficado muito claro que eu tinha sido adotado como um filho mensageiro para melhorar a imagem dos iraquianos para o resto do mundo. Eu não me importava nem um pouco, já que o objetivo final, o mais importante, era sustentar o sonho em comum.

Eu havia pedido a meu assistente que mandasse um correio eletrônico para algumas pessoas para que elas se unissem a mim em oração no exato momento em que eu estivesse me apresentando no Concerto da Paz em Bagdá. Devo confessar que na ocasião eu era um neófito da internet e não tinha ideia de que o pedido iria correr o mundo todo em cerca de uma semana. Quando chegou a hora do concerto, milhões de pessoas pararam tudo que estivam fazendo para orar paz no Iraque. (Mais adiante entrarei em maiores detalhes sobre a diferença entre 'orar pela paz' e 'orar paz'. Três dias depois, um acordo de paz foi assinado, apesar das expectativas em contrário do mundo todo. Ao menos naquele momento, a paz prevaleceu.

Uma semana depois, fui convidado ao Castelo de Stormont, em Belfast, onde os líderes de partidos políticos em guerra estavam engalfinhados em uma batalha de palavras e de granadas. Embora o país bradasse pela paz, esta não parecia próxima. O poder de 'orar paz' entra mais uma vez em cena. Ao cantar a Oração de São Francisco na Conferência para a Paz da Irlanda do Norte, centenas de milhares de pessoas ao redor do mundo pararam para orar, e uma vez mais uma reviravolta aconteceu três dias depois, permitindo a assinatura de um acordo um mês antes do esperado. Embora os assuntos fundamentais que produzem o conflito ainda tenham que ser sanados na Irlanda do Norte, por algumas semanas a humanidade pode presenciar a aproximação de uma maré de paz.[3]

Mas mais do que qualquer outra coisa, eu aprendi uma lição. Pela primeira vez na vida pude ver os resultados tangíveis da oração em massa, não de forma a serem comprovados por dados estatísticos, porém de maneira irrefutável para muitos. Isso acionou um sentimento de animação nas pessoas e o palco ficou armado para os próximos passos desse experimento.

Um mês depois das vigílias pela paz no Iraque e na Irlanda do

---

[3]NT: O conflito terminou definitivamente em abril de 2007. Consulta ao website http://veja.abril.com.br/idade/exclusivo/perguntas_respostas/irlanda_norte/index.shtml em 10/02/2008.

Norte, conheci Gregg Braden e Doreen Virtue. Foi o tipo de encontro que acontece poucas vezes na vida, quando todos percebem se tratar de algo sagrado como que dizendo: "Isto é importante... preste atenção e tire o melhor proveito possível". De uma maneira ou de outra, nossas vidas estavam rumando na mesma direção e a ideia de usar a oração para fortalecer as pessoas era prioridade para nós. A coisa mais engraçada é que a ideia do 'Grande Experimento' nem veio de nós. A princípio não passou de uma piada, uma ideia jogada por Steve Bhaerman, AKA, Swami Beyondananda. Não me lembro muito bem da piada, só me lembro que nos deixou pensativos quanto às possibilidades do que foi dito. Alguém deve ter dito algo como: "Vamos juntar ciência e misticismo e tentar provar que a oração é a força mais poderosa do universo".

Algumas semanas mais tarde, no dia 23 de abril de 1998, milhões de pessoas em mais de oitenta países uniram-se a nós para o primeiro 'Grande Experimento'. Alguns cientistas foram contratados para medir o efeito da vigília sobre a 'batida do coração do planeta', um método de mensuração da correlação entre o pulso natural do planeta e a consciência humana, prática que estava muito em voga na ocasião. Embora no fim, devido a atividades de erupção solar e alguns outros fatores, não tenha sido possível juntar dados relevantes, uma coisa, porém, ficou clara – as pessoas estavam dispostas a se juntar para rezar. Além do mais, quando isso acontecia, isto é, quando uma multidão concentrava a mente e o coração na realidade da paz, as coisas começavam a acontecer e as profecias se cumpriam.

Por exemplo: momentos antes do 'Grande Experimento' eu me encontrava nas Nações Unidas em Nova York, preparando-me para falar a cerca de quarenta embaixadores. Antes que eles chegassem, alguém sugeriu que os organizadores e eu formássemos uma roda e rezássemos uma oração. No final, uma senhora que eu não conhecia, foi ao centro da roda e disse: "Há quatro anos, quatro meses e quatro dias um grupo de anciãos nativos norte-americanos veio às Nações Unidas para dar sua visão do Novo Mundo. Uma das coisas que disseram foi: "Daqui a quatro anos, quatro meses e quatro dias (hoje mesmo) alguma coisa vai acontecer neste edifício que vai mudar a consciência da humanidade para sempre".

Ninguém se mexeu. "Será verdade?" eu me perguntava.

Nenhum de nós sabia daquela afirmação até aquele momento, porém, em retrospecto, eu me lembro de ter tido a percepção que o dia 23 de abril seria o dia da mudança, e assim o foi. Tudo que sei é que ouvi a mesma coisa dita por milhares de pessoas. Diziam que algo havia acontecido com eles naquele dia, que algo havia mudado não só em si, mas em todo o mundo. O que quer que isso seja, o que quer que os anciãos tenham pressentido no recinto das Nações Unidas, o fato é que milhões tiveram a poderosa experiência advinda da vigília de oração coletiva, e nada permaneceu o mesmo depois disso.

Minha firme convicção de que a oração é a força mais poderosa do universo foi reforçada tanto quanto minha amizade com Gregg e Doreen. O sucesso do 'Grande Experimento' levou à realização de outras vigílias pelo mundo e, todas as vezes que convidávamos pessoas para se juntar a nós como uma só mente e coração, alguma coisa de impacto certamente acontecia.

Por exemplo: no dia 13 de novembro de 1998, Gregg, Doreen e eu estávamos em uma conferência na Flórida quando um novo ataque ao Iraque parecia iminente. Mais uma vez espalhamos o pedido às pessoas da comunidade da oração e milhares deles corresponderam. Pedimos às pessoas que sentissem a realidade da paz e para imaginar o Iraque realmente em paz. Na verdade, não estávamos orando pela paz, porém nos concentrávamos na paz imaginando que ela já aí estivesse, só que escondida embaixo de camadas de confusão e desconfiança. A paz é a fundação, a base da realidade, e quando deixamos que nosso espírito entre em ressonância com a realidade, a paz então prevalece na Terra.

Na manhã seguinte, Gregg entrou na sala da conferência trazendo notícias surpreendentes. Embora não soubéssemos disso naquele momento, o fato é que o presidente Clinton tinha ordenado um ataque aéreo ao Iraque enquanto estávamos fazendo nossa vigília. Os aviões a jato já estavam no ar, preparados para atacar e despejar suas armas mortais quando aconteceu algo sem precedentes. O presidente Clinton enviou duas ordens para que a operação naquela noite fosse sustada e os aviões voltaram para seus navios sem despejar uma só bomba. Pelo menos naquela noite ninguém morreu, ninguém ficou ferido e vimos nisso uma evidência da sincronia de nosso vigília de oração que mudou o curso dos acontecimentos do mundo.

Assim, à luz de histórias como essa, precisamos nos fazer uma pergunta simples: "Estamos prontos a crer nisso como uma prova e permitir a possibilidade da existência no universo de uma força que é mais poderosa e mais confiável do que qualquer arma já construida ou será que devemos continuar nos apegando à versão do mundo ultrapassado que acha que 'o poder é o canal' e que a melhor maneira de se garantir a paz no mundo é através da maior arma, da bomba mais poderosa e da prontidão para usá-las?"

Eu acredito firmemente na primeira opção. Eu não posso provar incontestavelmente que essas vigílias e os acontecimentos sincronizados foram muito mais do que mera coincidência, ou que o mesmo resultado não teria ocorrido de qualquer jeito. Sei, porém, no âmago de meu ser, que existe somente uma lei que rege tudo aquilo que percebemos, e essa lei é a paz. Mesmo quando tudo parece contradizer essa lei, quando a insanidade da humanidade se alça a alturas que superam o ponto da razão e do controle, ainda assim a realidade da paz é evidente, mesmo nos locais onde ela está escondida mais profundamente.

O objetivo deste livro é refletir sobre a lei que evidencia este ponto. Em suma, este pretende ser um manual prático de paz, embora não da perspectiva usual. Nosso propósito não é lhe dizer como trazer a paz para o mundo, pois isso implicaria que ela pode estar ausente. Queremos provar que a paz está sempre presente e que ela é a única lei que dá a definição real de quem somos. Poderíamos chamá-la de muitas coisas como amor, compaixão, graça, porém, por enquanto, vamos ficar com a definição de minha jornada particular para o Divino – Paz.

Sim, você tem o poder de mudar o mundo e você nem precisa ser famoso ou ter grande influência, ou qualquer coisa que você considere muito importante. A única coisa que você precisa é entender a lei da oração e aplicá-la. Se você o fizer, bem, tudo vai mudar para você, primeiro em sua vida e depois no mundo. Você estará 'orando paz'.

Orando Paz

No verão de 1995 eu tive a oportunidade de passar doze dias incríveis nas montanhas da Bósnia com uma comunidade de místicos que se intitulavam os Emissários da Luz. Neste livro não quero me alongar sobre essa viagem, porém é necessário dizer que aquilo que aprendi quando em companhia deles deixou uma marca indelével em minha consciência e sempre vai influenciar a forma como me relaciono com o conceito de paz. Eles me disseram: "Seu papel não é levar a paz para onde ela não esteja vigorando, mas desvendá-la de seu esconderijo". Esta frase tornou-se o fundamento de meu serviço de cooperação e, à medida que iniciei minhas viagens pelo mundo a regiões obscurecidas por séculos de ódio e violência, fui entendendo melhor que aquelas eram mais do que meras palavras: tratava-se da mais concreta realidade.

Paz, os Emissários disseram, não é algo a ser entendido com a mente, mas vivenciado no coração. Tente agarrá-la e ela se vai; tente escrever palavras que descrevam paz e ela se esvai no ar. Ainda assim, todos nós já sentimos essa realidade em nós mesmos e provamos de seu aroma sedutor. Ela nos atrai como um amante, não com palavras ou com grandes gestos, mas com o mover sutil de dois corações em chamas com a aproximação súbita do amor. Se abrirmos o coração e olharmos com olhos bem abertos essa presença etérea, ela se revelará em sua beleza concreta ante nossa presença, a nos lembrar de quantas vezes no passado ela clamou por nós. Sim, mesmo o mais empedernido entre nós, já sentiu uma vez o seu clamor e, com certeza, foi subjugado pelos eflúvios de sua presença apaixonada. Mesmo os de coração embrutecido não podem se esquecer quando foram tomados pela experiência de paz.

Será que conseguimos, no entanto, descrever aquilo que sentimos quando experimentamos um sentimento de paz? Dificilmente. Conseguimos falar sobre uma percepção especial que tivemos uma semana depois, ou de uma lição que ficou muito clara algum tempo após, porém de nossos sentimentos... eles ficam nos ares mais sutis que o pulmão humano não consegue inspirar. A paz é muito mais do que conseguimos expressar; ainda assim, não é maior do que nós mesmos, pois se a experiência da paz consegue nos ensinar qualquer coisa, é precisamente a noção de que somos provenientes da mesma fonte e nascidos do mesmo ventre. A paz, assim, é a essência do que somos, a verdadeira fundação de nossa vida. Esta é enfim a "Paz que ultrapassa a compreensão", pois quanto mais a mente tenta captar seu significado, mais perdida ela fica. No momento, porém, em que a mente se rende, abandonando a necessidade do entendimento que não pode ser definido, tudo fica claro e nada mais é preciso ser dito.

Os Emissários da Luz disseram que a paz está sempre presente, sendo esta a verdade mais simples de nossa existência. A questão, então, é: "De onde vem a violência? O bem e o mal certamente andam juntos." Os fatos comprovam esta teoria, pois para onde quer que nossos olhos se voltem, nós nos deparamos com divisão, separação e necessidade de paz. Como pode a paz ser a base de um mundo assim, onde crianças morrem de fome todos os dias e as guerras étnicas se perpetuam há séculos? Não será nosso dever resistir ao mal e lutar ativamente contra a injustiça? Afinal, isso é o que nossos heróis nos ensinam a fazer, todas essas pessoas, mulheres e homens maravilhosos que através dos tempos têm ajudado a reverter a maré da discórdia social.

Será que realmente conseguiram isso? Certamente não se pode negar o legado deixado de ativismo social, daqueles que lutaram por uma causa justa e resistiram aos discípulos da violência e do medo. Mesmo assim, há diferentes modalidades de ação e aquilo que funciona para um não funciona necessariamente para todos. Martin Luther King promoveu uma revolução de não-violência para assegurar a igualdade entre pessoas, independentemente de sua raça ou cor, e Malcolm X comungou dos mesmos ideais de paz. Ainda assim, esses dois homens nem sempre concordaram com o método apropriado para atingir o mesmo fim. King era um proponente da escola de Ghandi e Malcolm X confrontou a injustiça usando uma atitude totalmente diferente. Mesmo objetivo, fórmulas diferentes.

Uma vez perguntaram a Madre Tereza por que ela não havia participado de nenhuma manifestação antibélica dos anos 60. Ela sorriu e disse: "Nunca irei a uma manifestação contra a guerra, mas se você organizar uma parada em favor da paz, eu lá estarei".

Os Emissários da Luz são o exemplo de uma escola diferente de pacificadores. Eles existiram em lugares secretos do mundo como as montanhas da Bósnia, de onde trabalhavam nos planos interiores para operar mudanças no exterior. Eles nunca protestavam ou levantavam a voz contra nada. Eles reconheciam que há uma lei mais profunda onde as mudanças fundamentais são operadas e, uma vez que haja uma mudança de consciência, as coisas no exterior entram naturalmente no contexto certo. A pergunta que eles se faziam era: "É melhor trabalhar no nível do efeito ou no nível da causa onde o efeito nasce?" Esta é a questão central deste livro.

O que, então, significa trabalhar pela paz no nível causal?

Se a afirmação dos Emissários for considerada como verdadeira, essa paz é o fundamento da própria realidade, de maneira que temos que voltar nossa atenção para essa base a fim de encontrar a reposta adequada. Os Emissários crêem que a realidade nasce na mente e dali se estende ao mundo da forma, não o oposto. A paz assim, pode prevalecer quando os padrões terríveis, que abrem espaço ao conflito, são liberados, sendo que essa liberação deve ocorrer no local onde o conflito surgiu, que é a mente. Quantas vezes já presenciamos, em lugares diversos do mundo, a paz ser alcançada através de diálogos e tratados para depois o conflito se extrapolar para outros níveis de discórdia? Se você tiver enjoado da mobília de um aposento, não adianta muito mudar os móveis de lugar. Pode ficar diferente, porém o problema verdadeiro ainda precisa ser enfrentado.

Da perspectiva dos Emissários seria mais sensato remover a mobília e começar de novo. Se as cadeiras e os sofás não combinam com o papel de parede, então é melhor procurar móveis que combinem.

Isso significa que devemos descartar toda e qualquer tentativa de fazer a paz e permanecer em nossos aposentos meditando o dia todo? Não necessariamente. O ponto de vista dos Emissários é que não se possui verdadeiro bom-senso se não se atacar o problema de frente, onde ele realmente está, e não onde ele parece estar. Assim, podemos agir a partir de uma inspiração e a partir de um novo ponto, isto é, de uma nova perspectiva, mais ampla e mais iluminada.

Citando Madre Tereza mais uma vez, repito que ela foi um exemplo brilhante disso. Ela não correu mundo de dedo em riste, repleta de raiva. Ela abraçou a compaixão na quietude e estendia essa compaixão a todos que dela se acercavam. Quando uma situação em particular exigia uma ação imediata, ela não hesitava nem um minuto e se punha a serviço de quem precisasse. Seu sorriso nunca abandonou sua face, especialmente quando segurava nos braços uma pessoa moribunda. Ela não se deixava enganar pelo que parecia estar acontecendo, pois sua mente estava bem concentrada naquilo que ela sabia que estava realmente acontecendo. Ela via santidade onde quer que olhasse e essa santidade tornou-se a base de seu mundo.

Madre Tereza entendeu a diferença entre orar para que algo aconteça e 'Orar Paz'. Sua vida foi uma verdadeira oração, sem as limitações da palavra. Ela não contemplava um mundo que precisava de paz, mas sim um mundo que já estava curado. Ela não pensava estar em Calcutá segurando uma criança que estava morrendo; ela sabia estar no céu segurando o infante Jesus. Ainda assim, ela estava constantemente se movimentando, pois ela percebeu que ver o mundo de frente não implica em ignorar a dor de alguém: "dê tudo", ela dizia sempre, "mesmo quando causa dor... especialmente quando sentir dor", porém não perca o sonho de Deus que cura qualquer doença e traz a paz à mente.

Assim, qual é o verdadeiro significado das palavras 'Orando Paz'? Vamos, inicialmente, definir uma forma mais tradicional de oração, aquela na qual pedimos por algo que acreditamos necessitar. Esta é chamada a oração do 'pedido', que se inicia a partir da percepção de uma carência, da crença de um Deus 'lá fora', uma espécie de Papai Noel que tudo nos pode dar. Há inúmeros problemas com essa espécie de oração. Primeiramente, essa forma estabelece e mantém uma forma de dependência espiritual que nunca pode ser totalmente transcendida. Essa também é o suprassumo da separação, a necessidade do ego de ser menor ou separado da Criação. A ideia de que somos Um com Deus é considerada a maior blasfêmia, já que nunca podemos nos livrar do papel de servos, não podendo jamais entrar em verdadeira comunhão com o Divino. Fazer isso é pedir por encrenca, já que teríamos que ser responsáveis por aquilo que criamos.

Há, na verdade, uma tecnologia da oração que tem sido praticada há milhares de anos, porém que se perdeu no ocidente há setecentos anos. Eu sempre tive essa desconfiança, mas foi meu amigo Gregg Braden quem me contou os detalhes verdadeiros. Em seu livro *Walking Between the Worlds* (Caminhando entre os Mundos), Gregg aborda os ensinamentos de muitas tradições antigas e mostra como essas culturas possuíam um entendimento muito grande da 'Ciência da Oração', muito maior do que as igrejas modernas professam. Comecei a apreciar essa ciência a partir de uma perspectiva totalmente nova, e a paixão de Gregg definitivamente me pegou.

Para os antigos, a oração era muito mais do que pedir por aquilo que queriam. Eles sabiam que suas decisões mentais faziam parte de um sistema integrado que ativava o poder criativo da oração. A mente, na opinião deles, era como um mapa, e era possível interpretar o território com a leitura desse mapa, e a melhor rota também poderia ser determinada para se chegar mais rápido ao destino. A mente não pode, entretanto, mover o corpo para aquele destino. Ela precisa de ajuda, assim como um carro necessita de combustível para se locomover. Assim, a mente pode operar junto com o veículo, dirigindo seu caminho, para melhor completar a jornada.

Em outras palavras, a oração centrada somente na mente é uma oração fraca, sem combustível, incapaz de levar a pessoa para a realização de seu sonho maior. Outros elementos são necessários, ingredientes que quando combinados criam uma reação alquímica. Esta é a base da ciência que os místicos de todas as tradições já dominaram e ensinam há séculos.

O que aconteceu há setecentos anos que nos fez perder essa importante tecnologia? Pessoalmente não acredito que tenha havido má-fé provocando o sepultamento dessa informação por tanto tempo. Prefiro pensar ter sido isso causado por ignorância, pela crença de que as pessoas não estavam preparadas para receber informações sobre esse sistema de tanto poder.

No século IV, os líderes da igreja cristã se reuniram em Niceia para deliberar sobre a doutrina oficial que seria aceita por todos. Alguns textos foram adaptados e outros rejeitados. Os textos que estavam de acordo com a versão corrente da teologia cristã foram juntados em um livro ao qual chamaram de 'Bíblia', e os outros, dúzias e dúzias de manuscritos raros, foram destruídos. Não fora pela visão de alguns mosteiros que esconderam esses textos, nós não teríamos nem ideia do que havíamos perdido.

Logo depois da 2° Guerra Mundial, muitas descobertas abalaram o mundo dos eruditos estudiosos da Bíblia. Em 1945, um camponês em Nag Hammadi, no alto Egito, descobriu um vaso de barro contendo uma biblioteca de trinta papiros encadernados em couro, que, presume-se, foi enterrado pela comunidade dos gnósticos. Em 1947, entre as montanhas às margens do Mar Morto em Israel, alguns nômades beduínos acidentalmente encontraram uma caverna onde uma grande quantidade de textos sagrados haviam sido escondidos por membros da seita judaica dos Essênios, do mosteiro de Qumram que fica ali perto. Ali foi encontrado, inclusive, um Códice de Isaias que difere do livro canônico de Isaias. Muitos dos pergaminhos do Mar Morto estavam em fragmentos e, por ignorar seu valor, alguns dos papiros encontrados em Nag Hammadi foram lamentavelmente queimados. Não obstante, pela primeira vez na história, desde o momento em que tais livros foram destinados à destruição, o mundo moderno ganhou uma preciosidade em informações e percepções sobre os ensinamentos místicos de nossos antepassados. Muitos desses livros foram conservados fora do alcance público por décadas, tal o poder transformador de seu conteúdo. Somente em tempos recentes foram liberados e seu conteúdo tem surpreendido o mundo. O Evangelho de São Tomás encontrado em Nag Hammadi, contendo as palavras de Jesus, ainda hoje é considerado uma heresia pelo Vaticano.

A sabedoria dos Essênios, uma seita mística cujo centro ficava em Qumran, era muito mais profunda e rica do que os teólogos jamais imaginaram. Hoje em dia, fala-se que Jesus foi um mestre essênio e que muitas de suas parábolas e de seus ensinamentos vieram diretamente das lições dos essênios. Estamos, no entanto, interessados aqui em sua contribuição à oração, que foi bastante vasta.

Essa comunidade antiga desenvolveu um sistema de oração que era mais confiável e científica do que qualquer coisa de hoje. É possível que essa sabedoria tivesse sido escondida de nós por ser tão poderosa, sendo que o objetivo primordial da igreja no passado era estabelecer os sacerdotes como intermediários entre a Divindade e o povo, algo que teria sido absolutamente impossível se esse poder tivesse sido dado às pessoas em geral. Mesmo assim, a questão primeira aqui é saber se as pessoas estavam prontas ou não para dominar esse poder há setecentos anos atrás. A questão que proponho é: "Estamos prontos agora?" Agora é, certamente, o momento de termos acesso a essa informação.

Para começar a responder a essa pergunta, vamos dar uma olhada no ensinamento primordial dos essênios em relação à oração. O título deste livro, *Orando Paz*, resume o princípio básico sobre o qual um em cada dois princípios da oração é construído. Como diz Gregg Braden: "Precisamos *ser* a Paz que buscamos". Em outras palavras, a forma de ampliar toda experiência é entrar em ressonância com a própria experiência ou vibrar em frequência semelhante. Neste sentido, a palavra Paz quer dizer: tornar-se, ou ficar parecido. Se você quiser ter a experiência da paz você deve se *tornar paz*. Conseguimos, assim, ter a experiência de sermos a fonte da paz, muito mais do que os beneficiários.

Essa noção está tão distante de nossa compreensão convencional de oração que você pode se perder neste ponto. Pense assim: quando você ora para que algo aconteça, está presumindo que aquele algo não se encontra presente. A maioria de nós aprendeu a rezar assim. As três palavras chaves que nosso cérebro registra são 'não está presente', assim, esse se torna o conteúdo real de nossa oração. A alma ressoa ao 'não está presente' e nada faz para atrair o estado desejado.

Quando 'Oramos Paz', no entanto, estamos, na realidade, usando a sensação de que a paz já se encontra ali. Sentimos assim, a inteireza da oração, mais do que aquilo que falta, e a alma corresponde. Ela começa a ressoar com a paz, atraindo para sua esfera a experiência da mesma, já que foi aí que a mente se concentrou. A oração tem a resposta imediata da alma por conta do código obedecido, atraindo o estado que já foi 'sentido', mais do que a experiência contra a qual se resistiu.

Conquanto esta fórmula seja muito simples, ela tem sido contestada há mais de dois mil anos. A noção de que somos seres humanos com poder tem ameaçado as instituições que se destinam a salvaguardar nossa evolução espiritual. Por quê? Simplesmente porque a sobrevivência de uma instituição, muitas vezes, torna-se mais importante do que a verdade sobre a qual ela foi fundada. A verdade, portanto, deve ficar oculta, a não ser que atinjamos um ponto de maturidade capaz de fazer com que a instituição perca o poder.

Afinal, usamos a religião da mesma maneira que usamos nossos negócios – para ganhar poder e prestígio. Se as pessoas passam a perceber que elas são um com Deus e que não é preciso nenhum intermediário para se ter a experiência da Herança Divina, a instituição deverá mudar sua forma, sendo esta a grande ameaça para as pessoas que não desejam a transformação.

Os antigos falavam sobre os tempos quando isso mudaria,

quando a água se levantaria tão alto que esse fardo se quebraria e a Luz inundaria todo o vale. Muitos acreditam que já entramos nesta era que foi profetizada, quando a paz finalmente prevalece, havendo hoje muitos sinais confirmando essa teoria. A maioria das culturas tem lendas e histórias sobre as coisas que vão acontecer durante a 'Grande Mudança' e essas premonições estão acontecendo com alarmante velocidade. E a descoberta desses textos também se relaciona a isso, pois como poderia ser uma coincidência que as bibliotecas sagradas, ocultas há quase dois mil anos, fossem de repente reveladas em apenas dois anos?

Será que estamos finalmente prontos para assumir nosso incrível poder e usá-lo para criar um mundo baseado no amor e não mais no medo? Será que chegou o momento de implementar, de forma consciente, a força mais poderosa do universo?

Alguns podem estar ainda relutantes, desconfiados desse poder. Pode ser que em alguma ocasião, alguns de nós tenhamos dado vazão a essa força em um ataque de raiva e ela saiu com tanta violência e os efeitos foram tão devastadores que optamos por não mais usá-la.Temos receio de que nos falte a pureza necessária para exercer esse poder sem criar efeitos colaterais indesejáveis. Será que a experiência de orar paz, de nos tornarmos paz, pode fazer com que atravessemos o limiar de uma nova consciência, de maneira súbita, surpreendente, atingindo a pureza necessária?

O objetivo deste livro é tentar responder essas perguntas. Estamos prestes a penetrar em uma fase do drama da vida, tal qual uma representação que vai nos ensinar uma lição. Ainda que Gregg, Doreen e eu tenhamos vindo originariamente de disciplinas diferentes, certamente caminhamos rumo ao mesmo objetivo. Cada um de nós tem algo a relatar à humanidade sobre como orar para criar um mundo de paz, e, embora nossos enfoques possam ser diferentes, o propósito final é o mesmo.

Certo dia nos reunimos e escrevemos o que achávamos ser os elementos chaves da paz. Depois de concordarmos naquilo que chamamos de 'Os Sete Passos para a Paz', sentamos à mesa e gravamos o que se tornou este livro. O tema principal era: "Como usar esses caminhos para a conscientização e para a criação de um mundo de paz HOJE? Se este é o momento tão esperado e se realmente estamos prontos para ele, como fazer para dar os primeiros passos em direção à experiência de paz?" Do ponto de vista de um cientista, de um psicólogo e de um místico, envidamos todos os esforços para responder estas questões e para aprofundar nossa compreensão desta extraordinária oportunidade que se encontra ao nosso alcance. Embora haja outros meios de se enfocar este assunto, estas são as perspectivas que oferecemos.

Relaxe e deixe que a cortina se abra, pois a peça de teatro está para começar. Esperamos que você goste de nossa pequena representação.

Parte 2

OS SETE CAMINHOS DA PAZ

Estamos sempre orando; o pensamento é uma oração.

O alvo de sua concentração se expande.

Para mudar o mundo, mude seus conceitos acerca dele.

Se você quiser ter paz, seja Paz.

A Paz está sempre presente, ainda que por vezes escondida.

O Amor é a única força do universo.

O mundo já está curado.

Agora que já colocamos os fundamentos sobre os quais vamos basear nossa experiência de oração, é hora de começar nossa pequena peça teatral. 'Os Sete Caminhos da Paz' é a única marcação que os atores devem obedecer, o resto seguirá um roteiro completamente sem ensaio. Vamos começar apresentando o elenco de personagens.

O Cientista

O papel do Cientista é representado por Gregg Braden, que na vida real é um cientista de grande renome. Ele escreveu três livros de muito sucesso, sendo que o mais recente é *The Isaiah Effect* (O Efeito Isaias, Ed. Cultura), publicado pela Random House.

A Psicóloga

O papel da Psicóloga é representado pela Dra. Doreen Virtue que, além de terapeuta, é também autora de diversos livros, entre eles *Angel Therapy* (Terapia dos Anjos) e *Divine Guidance* (Orientação Divina).

O Místico

James Twyman, o Trovador da Paz, representa o Místico. Ele escreveu três outros livros, além deste, incluindo-se *Emissário da Luz, O Segredo do Amado Discípilo, Retrato do Mestre – A Oração de São Francisco de Assis* e *As 10 Lições Espirituais que Aprendi num Shopping*, todos já publicados em português.

Não há nenhum cenário elaborado, nenhuma abertura dramática, simplesmente três pessoas sentadas a uma mesa com uma só vela ao centro, conversando sobre a mais poderosa força do universo – a oração. Cada personagem fala baseado em sua especialidade, citando exemplos de sua própria experiência e de sua percepção para dar validade às suas convicções. Uma coisa fica bem clara – embora enfoquem o assunto sob ângulos diferentes, todos os caminhos se fundem no final e todas as vertentes levam ao oceano da vida.

As cenas começam com o Narrador estabelecendo os parâmetros para a discussão da noite. Assim, leitor, sente-se com conforto, deixe a mente bem aberta e prepare-se para entrar em um Mundo Novo, um mundo onde o poder terrestre se curva à realidade, a Mente de Deus, que se estende a todos nós a qualquer tempo e em todo o tempo.

O Primeiro Caminho

Estamos sempre orando; o pensamento é uma oração.

NARRADOR:

Para se entender a Ciência da Oração, precisamos primeiro aceitar que nossas definições infantis de oração não abrangem a verdadeira experiência que buscamos. Muitos foram criados acreditando que oração é algo a se fazer na igreja ou ajoelhados ao pé da cama à noite, quando recitamos uma coisa que mais parece um rol de roupa como: "Deus, abençoe fulano ou sicrano". Ao crescer, aprendemos a expandir nossa capacidade de apreciação para incluir os momentos místicos nos quais conseguimos uma meditação profunda, perdidos nos reinos mais elevados onde o pensamentos mundanos nunca conseguem chegar. Os cânticos e mantras que aprendemos são verdadeiras pontes para a alma, porém nunca poderiam abranger a totalidade da 'Comunicação Divina' que é o objetivo primordial da oração.

O que a 'Comunicação Divina' pode nos ensinar? Será que

nos contentaríamos com algo menor do que uma total comunhão com Deus, ou seria satisfatório algo menor do que a experiência de ser um com a Fonte Divina? Se assim o fosse, como poderíamos separar um momento do outro dizendo: "Há um minuto atrás eu não estava rezando, agora estou". Será que é possível estar pensando num dado momento e no instante seguinte ficar totalmente desprovido de qualquer pensamento? Se o objetivo de qualquer prática espiritual é a percepção de que somos um com Deus, parece lógico que todo pensamento seja partilhado. Não podemos nos esconder por trás de nossas ponderações se a comunicação com nossa fonte primordial nunca foi interrompida, a não ser em nossa imaginação. O que ocorre em nossa imaginação, porém, não tem efeito concreto. Assim, nossas ilusões não nos afastam da verdade, nem mesmo por um instante.

Se isso for verdade, resta-nos somente uma conclusão – que nossas orações não são algo que se possa ligar e desligar como uma torneira que se abre e fecha para encher nosso copo só quando temos sede. O fato é que estamos sempre orando, embora a oração seja disfarçada atrás de cada pensamento. O fluxo de energia entre nós e nosso Criador é sempre o mesmo, nada muda. Nós, porém, caímos em um sono ilusório que nos faz sentir separados e sós, convencidos de que nossos pensamentos estão tão solitários quanto nossos corpos. A chave do dilema é não confundir sonho com realidade e é isso que a experiência da oração nos ensina.

Assim, entramos numa conversa de três amigos – um Místico, um Cientista e uma Psicóloga. Eles se acercam da mesa com suas opiniões singulares e visões diferentes de como considerar a mesma realidade, a experiência da união e da oração. Você pode se reconhecer em um ou em todos eles. Você pode mesmo ouvir sua voz falando através deles. O quer que aconteça, sente-se ao lado deles à mesa e preste atenção ao que eles têm para dizer.

Está na hora de descobrir aquilo que nunca foi perdido, a origem da oração que nunca foi ameaçada por nossos sonhos tolos.

Eles sentaram-se à mesa e se entreolharam. A conversa então começou:

— O Primeiro Caminho refere-se ao modo como pensamos — disse o Místico. — Foi-nos dito que todo o pensamento é uma oração. O Caminho diz: *Você está sempre orando, o pensamento é uma oração.* Estamos aqui para acrescentar nossos pensamentos a este fogo sagrado e observar, enquanto a fumaça sobe para o altar celestial onde nossos pensamentos se tornam uma extensão da Mente de Deus. Vamos começar?

O Cientista se inclinou para frente. A luz da vela brilhava em seus olhos.

— De acordo com a tradição dos antigos essênios, a seita mística judaica onde se encontram as raízes de nossa tradição, uma distinção bastante clara era feita entre pensamentos, sentimentos e emoções. Ainda que para nós tudo isso seja muito semelhante, para aqueles mestres havia uma sutil diferença que tornava cada aspecto único. Quando unidos, eles se tornam a tecnologia que chamamos oração. Os essênios diziam que as emoções são a força que nos impulsiona à frente, porém, sem dar a ela um sentido direcional, nossa energia emocional se torna dispersa. O pensamento, então, fornece a direção necessária enquanto que as emoções fornecem a força motriz; quando os dois se fundem, temos o mundo do 'sentimento'. De maneira que, em outras palavras, não podemos separar nossos pensamentos de nossas emoções, pois, do ponto de vista dos essênios, é pela união dos dois que criamos o sentimento que é a verdadeira oração.

— Em psicologia dizemos que usamos a 'atenção seletiva' quando observamos qualquer coisa — disse a Psicóloga se recostando na cadeira. — Nossos pensamentos são, na realidade, orações verdadeiras, porém nós temos a tendência a nos concentrarmos nos pensamentos que lá estão, evitando, ou filtrando aqueles que não desejamos enfrentar. Em suma, nós usamos tapa-olhos que só nos permitem ver aquilo que queremos. Nosso mundo, por esse motivo, está repleto de imagens que nossos pensamentos permitem que apareçam, e o mundo que vemos é o subtotal de todos nossos pensamentos. Somente quando percebemos os filtros conseguimos ver os pensamentos como eles na verdade se apresentam: como orações que criam o mundo percebido.

— Nossos pensamentos são mais potentes do que imaginamos — acrescentou o Místico. — Se somos um com a Mente de Deus, nossos pensamentos são orações que criam novos mundos, banindo os velhos e imaginando outros que nunca poderão existir. Sempre foi assim, desde o início dos tempos, quer percebamos isso quer não. O mundo que percebemos é aquele que queremos perceber, exatamente como vocês dois disseram. Nós criamos o mundo e isso é o mesmo que dizer que Deus o cria, já que não estamos separados de Deus. Sempre nos perguntamos: como Deus poderia ter criado um mundo tão cheio de ódio e de guerras? E a resposta simples é: somos nós que criamos o mundo, com o consentimento pleno de Deus, não porque não haja compaixão em Deus, mas porque precisamos perceber quão poderosos somos. Que forma melhor de ver isso do que observar o mundo que desprezamos e perceber que ele é o resultado de nossas orações?

— Isso é assustador — disse a Psicóloga — porém, às vezes, este tipo de susto pode nos fazer acordar. De uma perspectiva espiritual e psicológica, como diz *Um Curso em Milagres*: "É impossível ter uma experiência que não foi pedida". Nada acontece por acaso e precisamos nos conscientizar disso se quisermos dar um passo decisivo em direção ao nosso poder real. Tudo em nossa vida é o resultado da oração. Não é necessariamente o resultado de estar de joelhos dizendo: "Oh! Meu Deus, eu Vos imploro..." A oração pode incluir preocupações, obsessões, objetivos e aspirações, e tudo o mais.

— Imagine a diferença no mundo quando todos tiverem real percepção desse poder — disse o Cientista. — Guerras e conflitos existem porque nos consideramos muito fracos para evitá-los ou porque não temos ideia de que nossos sentimentos criam a realidade na qual vivemos.

— É isso mesmo — disse a Psicóloga, levantando-se para andar em volta da sala. — As guerras existem porque estamos ganhando alguma coisa com elas. A pergunta, então, que eu faço é a seguinte: O que o conflito nos traz de positivo? Talvez seja o fato de não precisarmos assumir a responsabilidade pelo que aí está. Talvez tenhamos medo de nosso poder. A noção de que nossos pensamentos são orações pode parecer assustadora para aqueles que querem acreditar que somos separados de Deus.

O Místico, então, voltou-se para o Cientista e perguntou:

— Você se referiu à oração não só como uma tecnologia, mas também como ciência. O que exatamente queria dizer com isso?

— Quando digo que a oração é uma ciência, quero dizer que podemos embarcar nesse caminho com consistência, com padrões de repetição e com previsibilidade, tendo o mesmo resultado todas as vezes. A tecnologia é *como* se resolve aplicar essa ciência. O fato é que temos usado nossos pensamentos, sentimentos e emoções como oração há milhares de anos e seu poder se provou vezes sem conta. Este conceito que estamos propondo agora não é moderno, pelo contrário, já foi conhecido e usado pelos antigos desde tempos imemoriais.

— No caso, porém, de alguém que ora para que algo aconteça e aquilo não sucede como esperado, como se explica isso?

— perguntou a Psicóloga. — Como você pode dizer que alcançamos consistentemente sempre o mesmo resultado?

— Esta é a diferença entre orar só com nosso pensamento e orar com nossa emoção e pensamento conjugados — retrucou o Cientista. — Quando pedimos às pessoas que 'Orem Paz', estamos pedindo a elas que sintam a paz que buscam, ou que estabeleçam a paz dentro de si. Quando assim o fazemos, criamos um padrão de ressonância que atrai aquilo que sentimos. Quando seguimos a Ciência da Oração temos os mesmos resultados todas as vezes, sem exceção.

— Talvez fosse mais verdadeiro se disséssemos que as emoções são tanto válidas como oração como são nossos pensamentos — disse o Místico — pois é a combinação de ambos que cria o sentimento que é ouvido por Deus.

— Exatamente — o Cientista acrescentou. — Nossos sentimentos são a linguagem verdadeira que merecem a resposta do Criador, muito mais do que meras palavras. Se as palavras que pronunciamos são divorciadas de nossas emoções, a oração não tem nenhum valor. Ela permanece imobilizada na terra como um peso de chumbo, sem jamais experimentar a realização do desejo explícito. Da mesma forma, as emoções sem direção nunca encontram o objetivo desejado. Quando ligamos, no entanto, estas duas experiências, unindo-as como se fossem arco e flecha, a oração voa para o alvo com velocidade e precisão. Esta é a maneira de nos ligarmos com a Mente de Deus, pois Ele entende que a criação é o resultado de ambos os elementos operando juntos.

— Antigamente, e mesmo atualmente, muitos achavam que se repetissem a mesma coisa vezes e vezes seguidas, isso seria o suficiente para mudar suas vidas — disse a Psicóloga. Ela falava e andava de um lado para outro. — Se não houvesse mudanças em suas vidas, eles logo abandonavam a prática. O que faltava à afirmação repetida era o componente emocional para fazê-la funcionar. Se eles fizessem isso, eles entrariam no sentimento da afirmação e rapidamente conseguiriam seu intento.

— Creio que é assim que Deus cria — disse o Místico. — Essa lição nos ensina a criar como Deus, sintonizando nossas mentes com a 'Tecnologia da Oração'. Com sua permissão eu gostaria de mudar o Caminho para: 'Seus sentimentos são oração e o resultado de seus pensamentos e emoções'.

A Psicóloga, finalmente sentando-se à mesa, disse:

— Seu argumento é válido, porém as palavras usadas não são muito importantes, desde que se entenda o princípio da verdade.

E assim encerramos nossa conversa daquela noite.

O Segundo Caminho

O alvo de sua concentração se expande.

NARRADOR:

Entramos, agora, em um novo nível de desenvolvimento, quando nos tornamos cônscios da tremenda responsabilidade que temos em tornar manifesto o mundo que desejamos. No 1° Ato de nossa representação descobrimos como nossos pensamentos e emoções se solidificam tornando-se sentimentos que nos abrem à comunicação com o Divino. Agora precisamos entender como nos tornamos conscientes deste processo ativo e, ao fazê-lo, precisamos reconhecer que somos um com o poder criativo de todo o universo. Aí, então, descobrimos o verdadeiro significado da oração e somente após esta percepção, a "paz que ultrapassa a compreensão" torna-se clara ao nosso entendimento.

Estamos aprendendo a arte da criação, descobrindo que temos em nós o mesmo poder de criar que Deus. Na verdade, isto é o que sempre fizemos – forjar o mundo que mantemos em nossa mente e em nosso coração. Nossas orações já chegaram mais longe do que esperávamos e, agora que estamos cientes deste poder, todo um universo novo se abre para nós. Reconhecemos que tudo aquilo que percebemos é o resultado da oração. É fácil perceber isso acerca das coisas que amamos, mas o que dizer daquilo que gostaríamos de mudar? Será que estamos prontos para dizer: "É bem verdade que tudo isso é fruto de orações nascidas em nosso coração ampliadas pelos sentimentos. Assumo plena responsabilidade por tudo no mundo."?

Esta frase "O alvo de sua concentração se expande", traz a chave dos mistérios da criação. Uma outra forma de dizer isso seria assim: Cuide somente das plantas que você quer cultivar, não dê água para aquelas que não deseja ver crescer. Toda emoção, pensamento ou sentimento é uma oração ou uma semente que pode se tornar uma árvore frondosa. Não é isso que Jesus quis dizer quando falou: "Se tivésseis fé não maior do que uma semente de mostarda..." Ele entendia as leis da criação e sabia que a oração não era algo reservado só para determinadas ocasiões. Ele estava sempre orando porque estava sempre sentindo e esta, como aprendemos no 1º Ato, é a linguagem que Deus ouve e entende.

Voltemos, então, à nossa mesa, com nossos atores, para continuar nossa discussão sobre o poder da oração. Estamos, ainda, no limiar, havendo tantas coisas mais a serem discutidas, tantos Caminhos a serem percorridos... Fique atento e as respostas virão, e você ouvirá suas próprias orações como sussurros suaves dentro da noite.

— Vamos continuar, agora, com nosso Segundo Caminho — disse o Místico. – *O alvo de sua concentração se expande.* Sinto como se tivéssemos adentrado um portal para algo diferente, já que esse Caminho exige tanto de nós.

— Ele exige exatamente aquilo que tentamos tão desesperadamente evitar: — replicou a Psicóloga — responsabilidade. Há qualquer coisa na psique humana que impele o homem a responsabilizar sempre alguém por aquilo que acontece, o mundo, Deus etc. Raramente somos capazes de olhar no espelho e ver a verdade, isto é, que há uma única face refletida de volta. Além disso, somos responsáveis por aquilo que vivenciamos.

— Será o final dos dias da sensação de ser vítima das circunstâncias se esse Caminho for encarado com seriedade — o Cientista acrescentou. — Isso significa tão somente que criamos tudo que vivenciamos simplesmente pelo fato de nos concentrarmos nisso. Nossa concentração é como uma lente de aumento que amplia e dá importância maior a tudo que recebe atenção.

— Concordo com vocês — o Místico falou. — Acredito, porém, que haja mais do que isso; é como se nossa visão fizesse ainda mais do que meramente ampliar aquilo que é visto, mas realmente criar aquilo no qual se concentra.

— Criar de que modo? — perguntou a Psicóloga.

— Bem, estivemos brincando com uma ideia difícil de expressar de uma forma direta por causa do ego e da própria sociedade que diz estarmos errados e que nos condenaria por tais comentários. Dizemos coisas tais como: "Somos um com Deus", porém o que isso quer realmente dizer? O significado óbvio é que não estamos separados do Criador, mas também quer dizer que criamos tal qual Deus. Esta é a chave do Caminho... de todos os Caminhos.

— Isso nos transporta novamente ao entendimento que os antigos tinham da tecnologia da oração — disse o Cientista. — Não é o fato de que nossas orações são poderosas, como se a oração fosse algo que fizéssemos... é muito mais aquilo que somos. Temos o poder e, além disso, a oração verdadeira acontece quando unimos nossa mente com a fonte da criação. *Somos* a oração. Ela não está separada de nós, pelo contrário, está impregnada em nós como aquilo que verdadeiramente somos.

— De maneira que a pergunta é: Por que não percebemos este poder? — acrescentou a Psicóloga. — Além disso, por que criamos um mundo onde há dor, doença e morte? De acordo com este Caminho, essas coisas se ampliam porque nos concentramos nelas. Eu, inclusive, me aventuro a dizer que criamos um mundo, através de nossas orações, emoções, pensamentos e sentimentos, que prova nossa culpa. Parece haver algo em nós que não aceita nossa parte espiritual e, portanto, se concentra na culpa.

— O mundo que vemos reflete essa culpa — disse o Místico, aderindo ao argumento e terminando o pensamento da Psicóloga. — É claro que isso deve ser correto se a premissa original for exata. É por isso que o Segundo Caminho é tão importante, pois ele nos obriga a ver o mundo exatamente como ele é, e a nos sentirmos responsáveis pelos efeitos daquilo que criamos. Se realmente compreendermos que nossas orações nos unem ao poder criativo do Divino, só poderemos criar um mundo de paz quando tivermos assumido plena responsabilidade pelo mundo do pavor.

— Se considerarmos isso sob a visão dos pergaminhos de Isaías e dos essênios em geral, todas as possibilidades que imaginarmos estarão aí em potencial. Simplesmente escolheremos quais realidades vamos enfatizar para nelas nos concentrarmos — disse o Cientista.

— Isto acrescenta uma nova jogada ao nosso quebra-cabeça — retrucou a Psicóloga. — Não se trata simplesmente do fato que o mundo onde nos concentramos se expanda, mas também que atraímos o mundo cuja atenção desejamos, através das decisões que tomamos.

— É isso mesmo — continuou o Cientista. — Os essênios acreditavam que há um número infinito de universos coexistindo ao mesmo tempo e a ciência hoje confirma esta crença tão antiga.

Os cientistas têm observado muitos universos no mesmo espaço vistos no laboratório. Isto quer dizer que os místicos sempre estiveram certos, isto é, que o mundo não está em um universo linear como parece, mas sim em um universo multidimensional com um número infinito de resultados possíveis.

— Assim é que afirmamos existir um mundo onde a paz sempre imperou — disse o Místico – e, mesmo assim, nós optamos por um mundo diferente. Se existe, como você disse, um número infinito de universos possíveis, todos em coexistência neste exato momento, por que não escolhemos um de onde a guerra e o conflito já tivessem sido erradicados? Decidimos que desejamos mais a guerra do que a paz. Ainda assim, creio que isto esteja mudando atualmente.

— O simples fato de estarmos tendo este tipo de discussão agora já prova que há uma mudança — disse a Psicóloga. — Não somos em nada diferentes de uma pessoa normal. O fato de estarmos cogitando essas coisas faz supor que outros também devem estar ponderando sobre o mesmo tema. Além disso, quando um grande número de pessoas estiver consciente do poder da oração e passar a se concentrar na paz, vamos conseguir atrair o tipo de mundo pacífico para o raio de nossa atenção. Tudo começa em um indivíduo, porém depois se expande e engloba o consciente coletivo.

— Creio que, atualmente, depois de milhares de anos, estamos recordando a tecnologia que permite que isso ocorra — interveio o Cientista. — Estivemos tão concentrados no intelecto que perdemos os ingredientes que ativam a Ciência da Oração. Somente quando combinamos emoção e pensamento é que podemos gerar o sentimento com poder de determinar a realidade que queremos vivenciar. Em outras palavras, o mundo exterior é um espelho do mundo interior. Ao optarmos por um tipo de pensamento, de emoção e de sentimento, a criação responde trazendo nossa opção até a nós, isto é, responde à nossa oração.

— Ao nos concentrarmos em alguma coisa específica, nós estamos, essencialmente, tomando a decisão de atrair algo para nós — disse a Psicóloga. — Em geral chamamos a isso de estabelecer objetivos. Os anjos dizem que nossas intenções criam nossa experiência. Não somos vítimas de um mundo que está fora de nosso controle. Nossas intenções são orações, como vocês dois disseram, e os pensamentos aos quais dedicamos energia determinam o que virá a seguir. Esta é, em minha opinião, a essência do Segundo Caminho.

— Ainda assim, todas essas verdades remontam à ideia única expressa com tanta eloquência no Primeiro Caminho — falou o Místico começando a fechar o 2º Ato. — Estamos sempre orando, todos os minutos do dia, pois temos dentro de nós o poder de criar tudo o que é percebido. A paz é alcançada quando nos conscientizamos desse poder e criamos um mundo alinhado com a Vontade de Deus, não do ego. Esses caminhos são somente lembretes, uma forma de sugerir aquilo que sempre soubemos. Sabê-lo com a mente, entretanto, não é o suficiente. Precisamos sabê-lo através de nossas emoções e sentimentos também; aí, então, seremos percebidos por Deus.

O Terceiro Caminho

Para mudar o mundo, mude seus conceitos acerca dele.

NARRADOR:

Já demonstramos que aquilo que chamamos Mundo está intimamente relacionado com nossos pensamentos. Eles não estão separados. Apresentam-se como balões amarrados a um mesmo cordão. Nossas decisões sobre um acontecimento determinam mais sobre a maneira como percebemos o evento do que sobre o que realmente acontece. Quantas vezes questionamos pessoas que viram o mesmo acontecimento e que, não obstante, têm pontos de vistas diferentes do mesmo fato. Uma pessoa vê uma coisa e outra interpreta a mesma coisa sob um ponto de vista completamente diverso. Todos aparentemente viram o mesmo fato acontecer, entretanto suas percepções revelam mundos totalmente diferentes.

Nossas orações criam o mundo que percebemos e, mais, estamos sempre orando. Isto, pelo menos, é o que conseguimos assimilar dos dois primeiros Caminhos. O que fazer, porém, se não gostarmos do mundo produzido por nossos pensamentos? Como reivindicar o poder de nossas emoções, de nossos pensamentos e sentimentos, para criar o mundo que desejamos, um mundo baseado nas leis do amor, muito mais do que nas leis do medo?

Este é certamente o próximo passo, o próximo nível no teatro de nosso despertar. Será que o mundo pode realmente mudar com uma simples mudança de perspectiva da consciência, ou será que, como nos ensinaram, temos que malhar o ferro para forjá-lo?

Esta é a questão com a qual as grandes mentes de nosso planeta têm se ocupado há milhares de anos. A Ciência tem dado respostas, a Psicologia oferece uma inclinação diferente e a Espiritualidade apresenta um ponto de vista distinto. O que se faz único, neste momento histórico, é que todas as disciplinas estão começando a dizer a mesma coisa. Se você imaginar a sabedoria como os aros de uma roda, quanto mais perto do centro se chegar mais próximos estaremos da verdade. Tendo dito isso, imagino se não é possível que tenhamos chegado a um ponto em que a verdade em si esteja juntando todas as diferentes perspectivas para um ponto em comum. Nesta caso, se a ciência, a psicologia e a espiritualidade estão percebendo a mesma verdade, será possível que estejamos todos caminhando juntos e descobrindo o poder da união de nossas mentes?

Esta é a razão pela qual as três pessoas se juntaram, para examinar esses assuntos, esses Caminhos, sob perspectivas diversas, com a clara e firme de intenção de chegarem a um destino comum.

A verdade, como a montanha, tem muitos caminhos, alguns subindo serpenteando pelos flancos, outros indo direto ao topo. Assim como só há uma verdade expressa de formas variadas, nós também nos encontramos juntos, embora pareçamos muito separados.

— Vamos nos concentrar agora no Terceiro Caminho — o

Místico disse aos outros. — O tema é: *Para mudar o mundo, mude seus pensamentos acerca dele*. Quem gostaria de começar?

— Eu gostaria de acrescentar algo aí — disse a Psicóloga. — Já vimos vezes sem conta esse conceito de que temos o poder de mudar o mundo expresso de diferentes formas. Eu gostaria de mostrar duas versões diferentes de se examinar o mesmo conceito. Na verdade, existem dois mundos diversos aos quais estamos nos referindo. O primeiro é o mundo da mente individual e o segundo é o mundo coletivo. É lógico que o mundo coletivo é feito de bilhões de pequenos universos, todos fazendo parte da mente individual de cada pessoa deste planeta. A questão é: como é que todas essas versões separadas de mundo podem se combinar para criar uma experiência que é comum a todos?

— Mais ainda — acrescentou o Místico — se o mundo coletivo é simplesmente a manifestação de mundos menores, qual é a realidade de cada um? Em outras palavras: as leis físicas que percebemos são sujeitas a forças reais ou somente a emoções, pensamentos e sentimentos com os quais contribuímos em massa? Talvez eles não tenham 'realidade' alguma além da força de nossas orações.

— De uma perspectiva científica ambos estão corretos — disse o Cientista. — Não há real diferença entre ambos. Nossas emoções, nossos pensamentos e nossos sentimentos recorrem à matéria prima que lhes é oferecida, como os recursos de um planeta, por exemplo, para usá-la como se fossem tijolos na construção daquilo que chamamos de mundo.

— Sim, mas de onde vem essa matéria prima? — perguntou o Místico. — Geralmente, uma discussão dessa natureza começa baseada na premissa de que ou evoluímos ou aterrissamos por aqui vindos do cosmo, demos uma olhada nas pedras e pedaços de pau à nossa volta e, com isso, começamos a construir um mundo baseado na lógica. Sinto, porém, que há algo acontecendo mais em profundidade, como se fôssemos mais responsáveis do que gostaríamos de pensar. E se isso não tivesse acontecido conosco, mas sim tivesse sido ocasionado por nós?

— Você está sugerindo que fomos nós quem criamos o planeta? — perguntou a Psicóloga.

— Na verdade, estou perguntando mais do que sugerindo. Sempre discursamos sobre nosso poder pessoal e sobre o fato de estarmos unidos a Deus. Dizemos também que Deus criou o mundo e tudo que aqui vemos e percebemos. Assim é que, se somos unos com a Mente de Deus, então não fomos isolados no gênesis. Quer estejamos conscientes disso ou não, se Deus sempre existiu, então nós também sempre existimos, de uma forma ou de outra. Talvez não da forma como nos vemos hoje, todavia reais. A árvore toda reside na memória silenciosa da semente. Concordam? Se isto é verdade, então o estofo original de que fomos feitos também já estava na criação, assim como tudo também está dentro de nós. Estávamos presentes, assim, quando toda essa matéria prima veio a ser. Sempre estivemos presentes.

— Isto em muito se parece com a analogia do holograma — disse o Cientista. — O todo está contido em cada parte. Se quebrarmos o holograma em mil pedaços, nada se perde, pois o padrão original continua intacto.

O Místico pulou para longe da mesa.

— Isso! É exatamente isso que quero dizer. Nós, cada um de nós, contém o padrão todo. No sentido mais amplo possível e imaginável, nós criamos o mundo através da linguagem da alma e podemos mudá-lo da mesma maneira.

— É esse o significado do Caminho — disse a Psicóloga. — Se mudarmos nossos pensamentos acerca do mundo, então o mundo tem que mudar, pois os pensamentos de Deus, dos quais sempre fizemos parte, criaram tudo que existe.

— A chave do enigma é abrir mão das ideias que temos sobre quem somos e quem não somos — o Místico continuou. — Dizer que somos um com Deus, ou que temos em nosso interior a 'matéria' de Deus, é apenas mais um conceito, até que penetremos na experiência dessa verdade. Em outras palavras, como diz o Cientista, um pensamento não tem lá grandes poderes quando está divorciado da emoção, porém quando pensamento e emoção se combinam, eles dão origem ao sentimento e aí entra o início da criação. Não estamos aqui para acumular mais ideias ou conceitos intelectuais, mas sim para realmente ter a experiência da verdade. Nós nos convencemos de que tal experiência era impossível, porém acredito que chegamos a um ponto de maturação espiritual onde isso não só é possível como é até exigido de nós.

— O que os antigos estão nos dizendo na linguagem deles, e que estamos redescobrindo através da linguagem moderna que é falada pela ciência, é que o mundo exterior espelha o que nos tornamos interiormente. Ao optarmos pela raiva, pelo ódio, pelos ciúmes e vingança, recebemos isso de volta em forma de instabilidade e de conflitos como se vê entre governos e nações — o Cientista interveio.

— Então você com isso quer dizer que o mundo responde aos nossos pensamentos de uma maneira direta — disse a Psicóloga. — A ciência já mais do que suspeita dessa conexão entre o pensamento e o grande mundo, ela já admite isso.

— A ciência lançou os fundamentos para isso — continuou o Cientista. — Aliás, essa premissa já é bem comum atualmente. A ciência já mostrou estatisticamente que é possível mensurar a relação entre população e sistemas de pressão atmosférica alta ou baixa e até de centros de terremotos. Eles ainda não podem afirmar esses dados como definitivos, porém dizem que há uma grande correlação entre variações atmosféricas e populações em estado de conflito e mesmo onde as mudanças na terra estão ocorrendo.

A Psicóloga se mexeu na cadeira e, olhando para seus amigos, disse:

— De uma perspectiva psicológica, mais e mais pessoas já desistiram de buscar mudanças no mundo através dos políticos e das autoridades. Isto nos traz de volta ao fato do indivíduo ser responsável pelo resto do mundo. Se nos comportássemos com responsabilidade, tomássemos conta de nós mesmos para manifestarmos somente aquilo que nos desse felicidade real, o mundo mudaria para refletir com fidelidade a mudança de atitude. Mais uma vez repito, este é um assunto que será resolvido de dentro para fora e não de fora para dentro.

— Eu gostaria de voltar um pouco ao que o Cientista estava falando sobre padrões atmosféricos e terremotos — disse o Místico sentando-se novamente à mesa. — Já houve muitas predições, tanto científicas quanto espirituais, sobre mudanças na terra que nunca se concretizaram. Você diria que elas não aconteceram porque mudamos nosso pensamento sobre elas?

— Eu diria exatamente isso. Resolvemos passar por essas crises de maneira suave e a terra respondeu de acordo com nossa resolução. Na Califórnia, por exemplo, a crosta da terra está respondendo com longos e contínuos tremores ao invés daqueles grandes, tão temidos. Eles começaram há muitos anos porém sem causar danos de grande monta. A maioria é tão leve que as pessoas nem percebem que estão acontecendo. Para a ciência esses indicadores são anômalos, mas para os antigos isto faz parte da relação entre nossos pensamentos e a Terra. Estamos sintonizados com o nosso mundo e o que sentimos ou nos tornamos, nosso mundo espelha de volta para nós. Pelo mesmo indício, quando nos deparamos com desordens no padrão em nossos mares e florestas tropicais, isto também é espelhado em nossos corpos como disfunções e doenças que nos impedem de expressar a vida em sua plenitude.

— Tudo o que dissemos leva-nos a uma só conclusão — disse o Místico. — Tudo está unificado. Só há uma mente expressando-se em um número infinito de maneiras diferentes, como gente, como natureza, como planetas... tudo vindo da mesma origem que chamamos Deus. A separação é uma ilusão e isto já está sendo provado e aceito por cada um de nós, de diferentes áreas de especialização.

O Quarto Caminho

Se você quiser ter paz, seja Paz.

NARRADOR:

Como fazer para tornar-se Paz? Melhor ainda – como viver nossas vidas de maneira que tudo que façamos seja uma expressão de compaixão, bondade e amor, tornando-nos verdadeiros ambulantes da Oração da Paz? São Paulo implorava a seus seguidores cristãos que orassem sem cessar. Não é precisamente isso que temos feito? Se nos foi dado aprender algo com esta conversa é que todos os nossos pensamentos, emoções e sentimentos são orações e que é impossível para nós deixarmos de orar sem cessar. A verdadeira questão é: "Como orar concentrados na paz sem cessar, focando toda a nossa energia nesse objetivo, a ponto de nos tornarmos realmente aquilo que buscamos?"

Dentro de si existe o mesmo poder que criou todo o universo. Você se sente pronto para aceitar este fato? As palavras 'Eu sou um com o Universo' soam verdadeiras para seus ouvidos? Ou estas palavras seriam somente um conceito que nos fornece uma pausa para descanso, um tapinha nas costas, antes de voltar à sua linha habitual de ação e de pensar? Como são esses pensamentos velhos aos quais nós nos aferramos tão tenazmente? Algo assim como: "Minha alma é una com Deus, mas o resto de mim, não", ou, "Eu posso ser uno com Deus, mas se Ele soubesse o que andei fazendo..." Estas frases dão a impressão de já serem familiares? Elas, por acaso, tocam um lugar profundo dentro de seu coração que ainda tem receio de amar, tem medo de ver a verdade dentro de você?

Todos temos esses cantos escuros em nossa mente, essas figuras sombrias que se levantam contra nosso despertar. É para isso que estamos neste planeta. Para isto estamos aqui, para curar um simples pensamento, uma noção errônea que rege quase todos os aspectos de nossas vidas, exigindo atenção plena: "Eu não sou digno de ser amado". E se estivermos errados? (Você está disposto a aceitar esta possibilidade?) E se Deus nunca tiver sequer visto aquele seu pecadinho que você reputa tão mau, tão absolutamente imperdoável? Que tal se Deus o tiver perdoado assim que você formulou o pensamento? Isto quer dizer que toda a culpa é desnecessária, não servindo para absolutamente nada. Isso não seria maravilhoso, não seria uma mudança radical de vida depois de tal constatação?

O perdão é a palavra chave, o caminho que conduz para o canto oposto da culpa, em direção à Luz. Nós veremos em pouco tempo, em meio à nossa conversa, que no fim todos os caminhos convergem para um mesmo ponto, o repouso final do pecado, da doença, da dor e até mesmo da morte. Examine qualquer disciplina em sua essência, qualquer caminho ou empreendimento mundano e você se dará conta da mesma verdade formidável. A cura não acontece se não desistimos do passado, até que deixemos que velhas energias bloqueadas se dissipem, criando espaço para que uma nova vida possa nascer.

O perdão é a única maneira de liberar as sombras que impedem a ascensão espiritual, pois, afinal, quem mais há para se perdoar do que nós mesmos?

Como nos tornamos Paz? É muito simples – é só se conscientizar que a paz que buscamos está na verdadeira base de nossa existência. Está naquilo que somos, na verdade em nós. Não podemos nos tornar aquilo que já somos, porém podemos lembrar-nos daquilo que ficou esquecido. Aí está a chave. Colocamos inúmeras camadas de crenças falsas por cima desta verdade e optamos por enfocar nossa atenção nas sombras. Assim, o perdão está na prontidão de abandonar essas trevas e lembrar-se do dom maior que o Criador ofereceu quando surgimos – a Vida. A Vida só conhece vida e só concede vida. Isto não é um quebra-cabeça para deixar sua mente tonta, mas uma realidade simples que precisamos reconhecer. Você está disposto a isso?

Mais uma vez o Místico olhou para um papel à sua frente e leu o que dizia sobre o Caminho.

— O Quarto Caminho diz: *Se você quer ter Paz, seja Paz.* Gostaria de começar nossa discussão desta vez. Esta afirmação é muito profunda, sendo que todos nós já nos aproximamos dela, de uma forma ou de outra, já falamos sobre a lei de ressonância, sobre o fato que padrões de frequência semelhantes se atraem. Em outras palavras, nós atraímos para nossas vidas as experiências e as pessoas que correspondem às imagens que fazemos de nós mesmos. Se nós acreditamos que somos dignos e confiáveis, vamos atrair pessoas que se comportam assim. Se, no entanto, temos uma imagem mais sombria de nós mesmos, vamos atrair para nossas vidas pessoas que serão um reforço dessa imagem, refletindo aquilo que acreditamos ser verdadeiro em nós.

— Se a teoria da ressonância for verdadeira, deve ser muito fácil escolher o meio mais apropriado para nos tornarmos emissários da paz. Não conseguimos dar nada a alguém a não ser que acreditemos ter isso dentro de nós, quer seja uma qualidade ou um estado de ser. Para levar a paz, precisamos encontrar nosso lugar interior onde ela reside. É bem simples.

— O que acontece, porém, se a pessoa nunca houver experimentado a paz interior? — perguntou o Cientista. — E se a vida de uma pessoa foi tudo menos pacífica?

— Boa pergunta, e pertinente a qualquer pessoa de bom senso. A resposta também é muito importante. Penso que todos concordamos que, no fundo, só há duas emoções que podemos vivenciar, sendo que todas as outras são derivadas delas. A primeira é o amor e a segunda o medo. Todos também já dissemos, embora cada um a seu modo, que só há uma força no universo, isto é a força que alguns chamam de Deus ou talvez de 'Consciência Única'. Deus, ou pelo menos meu conceito de Deus, é todo amor. Isto nos leva a crer que só o amor existe, uma vez que ele é o produto de um Mente Divina que a tudo permeia. O que é o medo, então? Seria possível dizer que não é mais do que uma sombra, ou talvez a negação da experiência do amor? Uma sombra pode ser real, com poder e efeito? Creio que não, pois não é o oposto de amor, mas mais uma obstrução ao amor. Aquilo que a tudo permeia não pode ter oposto.

— Isto tudo me parece muito verdadeiro — disse a Psicóloga virando-se para o Místico. — Mas, como se aplica ao Caminho que estamos discutindo hoje?

— Muito simples, na verdade. Se o amor é o fundamento da realidade, então está ativo, real e presente, não importando as aparências, mesmo quando aparenta não estar em atividade. Há pouco, o Cientista levantou a questão de como alguém que nunca teve a experiência da paz pode reconhecer esse estado. Paz, é óbvio, é um derivado do amor, nunca do medo. Está em nosso interior, mesmo da pessoa que mais pareça apartada da experiência, pois não se pode estar separado daquilo que não conhece fronteiras. Talvez a paz esteja escondida embaixo de muitas camadas de medo e desconfiança, porém lá está, com certeza. Se não fosse assim, Deus não seria só amor. Se não fosse assim, Deus teria um oposto. É minha crença firme que Deus não tem oposto, portanto o amor está sempre presente, sempre na base de nosso ser, mesmo quando o medo tenha eclipsado seu esplendor.

— Eu percebo onde você quer chegar — disse a Psicóloga. — Se o amor somente existe, então a paz deve estar sempre presente, mesmo que não aparente. Além disso, a lei da ressonância, que corresponde ao Segundo Caminho, diz que se nos concentrarmos em algo em particular, mesmo escondido bem no fundo, isso se expande.

— Exatamente — retrucou o Místico. — Assim, mesmo que a pessoa tenha tido pouca ou nenhuma experiência da paz, se essa pessoa se concentrar no amor, ela deve ter a experiência do amor. Assim é que nos tornamos paz, simplesmente nos concentrando nela.

— Os antigos não falavam a mesma língua da ciência que falamos hoje — disse o Cientista, — de maneira que o que eles diziam, a seu modo, é que nós nos esquecemos de nos amar. O remédio que eles receitavam era o que eles chamavam de Décimo Primeiro Mandamento. Por este mandamento recebemos o convite para amar o Criador sobre todas as coisas, com todo nosso coração, toda nossa mente e toda nossa alma.

— Isso é o mesmo que Jesus pregou — acrescentou a Psicóloga, — porque Jesus era um essênio e as ideias que ele usou para pregar a verdade eram conceitos dos essênios. Estes nos ensinavam a fundir nossos pensamentos, sentimentos e emoções porque sabiam que assim nós nos 'tornávamos' oração. E além disso, quando essas três coisas se fundem, tornando-se uma, nós temos o poder que chamamos de amor. Jesus e os essênios nos pediam que amássemos Deus acima de todas as coisas, com toda nossa energia. Há uma razão muito importante aqui. Eles sabiam que quando nós amamos nosso Criador, estamos amando a nós mesmos, já que somos um com Ele. O oposto também é verdadeiro – quando amamos a alguém ou a nós mesmos estamos, na verdade, amando a Deus.

— Sua ciência está se aproximando muito de meu misticismo — disse o Místico.

— É claro — continuou o Cientista. — O motivo disso é que a verdade não conhece fronteiras. A verdade é verdadeira, quer seja expressa na língua da ciência, da psicologia ou do misticismo.

— Precisamos, porém, descobrir um modo de fazer com que as pessoas tenham acesso a essa verdade — disse a Psicóloga. — Do contrário, vamos ter ótimas ideias e conceitos que não serão aplicáveis. Eu sugiro, pelo menos de um ponto de vista psicológico, que a melhor maneira de se aplicar tudo aquilo que está sendo expresso, aqui hoje, é através do perdão.

— Mais uma vez estamos de acordo — disse o Místico. — A mesma coisa também se aplica vista de um ponto de vista espiritual. No entanto, eu sugeriria um nível de perdão que é muito diferente daquele com o qual as pessoas se acostumaram. Perdão é geralmente entendido com um gesto de boa vontade com alguém que tenha nos ofendido de algum modo. Isto não é perdão, de forma alguma, mas mais um ataque. Na verdade é como se a pessoa dissesse ao outro: "Você me ofendeu, porém, eu, do alto de minha sabedoria, concedo em perdoá-lo". Tudo isso cria mais separação e acentua o conflito.

— De sua perspectiva, como se define o perdão? — perguntou o Cientista.

— Da mesma forma como Deus nos perdoa. Devemos ir muito além da ofensa, sem julgar se uma pessoa é digna de nossa misericórdia, simplesmente concedendo-a sem restrições a todos, igualmente.

— Eu concordo plenamente com essa definição — comentou a Psicóloga, complementando, — pois esse tipo de perdão une as pessoas, já que não exige retribuição. Sempre peço aos meus pacientes que façam uma lista com os nomes de todas as pessoas que os ofenderam de alguma forma, para depois liberarem-nos com amor. Isto em muito se assemelha à teoria da ressonância explicada anteriormente pelo Místico. Quando conseguimos ir além da ofensa que aparentemente aconteceu e logramos enfocar o amor que está na base de uma relação verdadeira, o amor aumenta e expande. Tornamo-nos então o próprio sentimento, pois estaremos aptos a dedicar esse amor a outro.

— Assim, para resumir tudo o que foi dito — disse o Cientista, — nós nos tornamos aquilo onde enfocamos nosso pensamento, sentimento e emoção. Ainda assim, como o amor é a base da realidade, essa é a única experiência que se estende por toda a eternidade, pois é um sinônimo da Mente de Deus. Nada que não estiver em alinhamento com essa força existe de verdade, sendo somente uma sombra da realidade. Vocês concordam com essa afirmativa?

Ambos assentiram com um gesto de cabeça e a discussão foi dada por encerrada, pelo menos por algum tempo.

O Quinto Caminho

A Paz está sempre presente, embora às vezes escondida.

NARRADOR:

Este livro, esta peça de teatro, tem, na verdade, somente uma lição que busca expressar: "Só a paz é real". Na cena anterior surgiu uma afirmação muito importante, de grande relevância para nós que continuamos no caminho. Nossos personagens concordaram que existem somente duas experiências que os humanos podem viver e que todas as outras são derivadas dessas duas. A primeira é o amor e a segunda é o medo. Medo, como já se disse, é a sombra do amor, não sendo, portanto, real. Nós podemos fazer com que pareça real; nós podemos senti-lo como se fosse real, porém isso não significa que ele seja real.

Vamos nos debruçar por um momento na diferença entre 'realidade' e 'realidade aparente'. É fácil olhar o mundo e ver a realidade do medo, do ódio e da violência. É só dar uma passada de olhos na sociedade moderna para ver incontáveis exemplos de como o medo não só está muito presente como é dominante. Hoje há mais uso de drogas e violência doméstica do que em qualquer outro período da humanidade. Como podemos afirmar que isso não é real? Não estaremos nos comportando como a avestruz que enterra a cabeça na areia quando assolada pelo medo?

Com certeza, o mal aparenta ser bem real neste mundo. Seria uma irresponsabilidade ignorar o sofrimento das pessoas que sofrem esses ataques, e seria fanatismo cego insistir que não há vítimas verdadeiras neste mundo. Estamos examinando agora uma motivação mais profunda, muito antiga, sempre presente embora sempre negligenciada a ponto de nem se perceber sua existência. Nosso objetivo não é negar a dor, mas sim oferecer uma saída definitiva para ela.

A maioria das pessoas acredita em 'livre arbítrio', a capacidade e o direito de tomar nossas próprias decisões e de criar um mundo feito pelas nossas mãos. Poucos consideram a possibilidade de que o mundo que vivenciamos possa ser bem diferente da própria realidade. Por exemplo, quando sonhamos, temos a capacidade de criar um mundo que não corresponde necessariamente às mesmas leis que nos regem quando estamos acordados. Conseguimos voar nos sonhos, mas não quando estamos de olhos abertos. Ainda assim, quando estamos no 'mundo dos sonhos' nunca consideramos esta discrepância. A sensação que se tem é de que é absolutamente normal o fato de se poder voar. Só quando acordamos é que a 'nova realidade' impõe seu conjunto diferente de leis.

Será possível que haja leis mais escondidas, que operam em um nível que não é familiar para nós em nosso mundo de corpos e personalidades? Aquilo que chamamos de mundo está baseado na lei da dualidade e da separação. Parecemos ser indivíduos distintos, com o poder de mudar nossas vidas sem necessariamente mudar a vida das pessoas ao nosso redor. Nunca consideramos a possibilidade de que exista um outro mundo onde a dualidade seja eclipsada, onde o amor e o medo não sejam vistos como forças opostas. Não pode haver um outro universo por trás deste véu que esconde o amor, onde o amor é a única lei e o medo foi completamente esquecido?

O Quinto Caminho afirma que "a Paz está sempre presente, ainda que, às vezes, esteja escondida". Por trás do véu de nosso medo existe uma energia vital que espera, em silêncio, por nossa atenção. Podemos chamar a isso de paz, amor, ou qualquer outro nome que expresse nosso anseio de viver um estado que vá além do universo dualístico. De onde vem esse anseio? Será possível que exista uma parte de nós que se lembra dessa realidade antiga e tenta retornar a ela? Estaria essa realidade escondida de nossa percepção, adormecida embaixo de incontáveis camadas de emoções que nos separam? Se, na verdade, ela está lá, se for, realmente, mais do que um mero conceito, como fazer para termos acesso a ela?

A pergunta a ser feita é de natureza muito simples. Você está disposto a considerar essas possibilidades, ou é mais fácil para você empurrá-la para aquela pilha do 'está acima de minhas possibilidades' e deixar para lá. Vai ser difícil permanecer no muro pois a premissa maior deste livro é estabelecer o oposto daquilo que nos foi sempre ensinado. Ou a sociedade está certa e tudo isso não passa de bobagem, ou você esteve errado acerca de tudo. Se você estiver errado, o que isso pode significar? Seria um sinal de derrota ou o primeiro vislumbre de vitória? Melhor ainda – há alguma diferença entre esses dois aspectos?

Os três interlocutores sentaram-se novamente à mesa e se entreolharam. A diferença entre as várias disciplinas e perspectivas estava ficando cada vez menos óbvia, como se estivessem sendo expostas por uma só voz, como se estivessem partindo do mesmo ponto. Até mesmo as palavras eram as mesmas, sendo que já havia dificuldade em saber quem estava falando, se o Cientista, a Psicóloga ou o Místico. Havia só três caminhos ainda para se percorrer, três distinções sutis que delineavam a metafísica da paz. Como sempre, o Místico começou por ler o Caminho em voz alta.

— O Quinto Caminho diz: *A Paz está sempre presente, embora por vezes escondida*. Quem gostaria de começar?

O Cientista inclinou-se à frente dizendo:

— A ciência do século XX sugere que todas as possibilidades estão já em existência, em estado letárgico, até que sejam acordadas através de nossos pensamentos, sentimentos e emoções. Desta perspectiva, tudo, desde as guerras mais sangrentas ao nossos desafios sociais mais polêmicos, mesmo os picos do êxtase e da paz, já estão presentes e adormecidos em nós. Eles ficam à espera de nosso chamado para serem trazidos à vida do mundo através das escolhas que fazemos em cada momento de nossas vidas.

— Você quer dizer com isso que todas as escolhas já foram feitas e que trazemos à existência o mundo que queremos através de nossas orações? — perguntou o Místico.

— Basicamente, sim — continuou o Cientista. — A Ciência já provou que coexistem, no mesmo espaço, múltiplos mundos. Isto está em completa oposição às nossas noções primeiras de como o universo opera e mostra o pouco que sabemos ainda. Mesmo hoje, com todos os avanços científicos, temos somente um leve vislumbre das coisas, porém esse vislumbre mostra-nos duas coisas. Em primeiro lugar, é impossível para nossa mente intelectual e racional apreender na totalidade a operação interna do universo. O segundo é que obviamente há uma parte de nós, embora inconsciente para a grande maioria, que participa e entende em sua inteireza a criação dos mundos. Sempre foi assim e sempre será. O que acontece agora que todas as disciplinas estão se juntando, é que principiamos a perceber aquilo que sempre soubemos. Quando isso for prática corrente, vamos começar a construir a partir não dos medos inconscientes mas sim da experiência consciente do amor.

— Concordo plenamente — disse a Psicóloga. — Aqui é onde todos nos juntamos, onde estão todos os modos de se ver o mundo. Como Deus é onipresente e como a única coisa real é Deus e Sua Criação, só a paz é real. Tudo aí está; nós falhamos em reconhecer isso porque sempre estivemos muito preocupados com nosso medo e temos usado uma mente amedrontada para criar. Temos orado com medo, por causa dele, na realidade.

— Exatamente isso é o que temos feito — o Místico acrescentou. — Como o universo responde àquilo que lhe pedimos, o resultado de nossas orações tem sido o medo. Poderíamos ter uma discussão sobre o porquê de agirmos assim, porém isso não interessa no momento.

— Os anjos dizem que temos medo de amar — disse a Psicóloga. — Temos tanto medo de sermos feridos que nos protegemos da presença do amor, pois isso significa assumir riscos. Isso liberaria agravos passados contra nossos pais, seres amados, irmãos e não ficaríamos tão guardados contra feridas. Ao invés, abriríamos nossos corações para o amor.

— Como tudo isso se aplica ao Caminho, então? — perguntou o Místico.

— Temos dito a mesma coisa de modos diferentes — respondeu o Cientista. — A Paz é real e está presente independentemente de nossa escolha de consciência. Se negarmos aquilo que é real, vivemos um sonho e atraímos todos os componentes que se relacionam com o sonho para nossa consciência.

— Isso ocorre quando deixamos de sentir medo de amar — a Psicóloga acrescentou. — Este é, na verdade, nosso único problema, o fato de termos medo do que é real e estarmos vivendo uma mera ilusão. O que acontecerá quando percebermos isso e aceitarmos plenamente a verdade que sempre existiu? Creio que estamos bem próximos do dia dessa aceitação.

O Sexto Caminho

O Amor é a única força do universo.

NARRADOR:

Vamos começar examinando a palavra 'força' e como ela se relaciona com a experiência do amor. Às vezes a força é entendida como o poder que é exercido sobre um objeto para movê-lo de um lugar para outro. Os amantes de cinema podem entender isso como a energia que permeia todos os seres vivos, uma definição que ficou famosa com o filme "Guerra nas Estrelas". Neste sentido, a 'Força' também tem um lado sombrio, sinistro, que pode ser usado para conseguir e manter o poder.

Como, porém, o amor é usado como a força – a única força do universo? Esta é uma continuação clara do último Caminho, que diz que a Paz está sempre presente. Estas afirmações, quer vivenciadas ou não, erguem-se como tijolos, um em cima do outro, para revelar uma estrutura definitiva. Todos eles, de uma forma ou de outra, revelam a mesma verdade, embora de um ângulo ligeira-

mente diferente ou de uma perspectiva levemente alterada. Neste caso, entretanto, a verdade revelada pelo Caminho não é anuviada ou disfarçada. Ela diz aquilo que quer dizer: "O Amor é a única força do universo", sem pedir desculpas por ser direta e franca. Ela exige atenção e você ou aceita ou rejeita sua assertividade, porém nunca vai conseguir ignorá-la.

O mundo que percebemos até agora diz que duas forças opostas estão em operação – o bem e o mal. Os religiosos e leigos concordam neste ponto. Há aqueles que fazem o bem no mundo e aqueles que fazem o mal, que é seu oposto. Há Deus e há Satã. Deus tem o coro dos anjos e Satã, seu bando de demônios. Todas essas imagens revelam a polaridade do ego, que é a base de tudo em que acreditamos. Rejeitar essa ideia, de que bem e mal podem coexistir lado a lado, é rejeitar o próprio mundo. Se rejeitarmos o mundo o que nos resta?

Esta é a questão básica proposta por este livro e que buscamos responder. Vamos questionar esse fundamento e fazer uma nova pergunta: "E se existir somente uma força em operação no mundo – o Amor, também conhecido como Paz?" Se isso for verdade, tudo aquilo que aprendemos sobre o mundo e acerca de nós mesmos fica sem significado. Se nos voltamos para o Amor, nós nos tornamos Paz, porém, se rejeitamos o Amor, vamos vivenciar a sombra que chamamos de medo.

Foi-nos ensinado responder a tudo de maneira a nos protegermos de alguma força externa que potencialmente possa nos ferir. E se não houver, porém, nada lá fora mais do que um mundo que responde aos nossos pensamentos, mostrando-nos exatamente o que pretendemos ser? Isto significa que podemos mudar o mundo simplesmente mudando nossos pensamentos acerca do mesmo. O mundo vivenciado até agora responde à noção das 'duas forças'. O que aconteceria se aceitássemos esse Caminho? Considere a possibilidade de haver na verdade somente uma força.

Esta é a metafísica da paz. Os Caminhos revelam um mundo diferente daquele com o qual estamos acostumados, onde a paz não é criada, mas sim a única coisa que existe realmente. Aceite isso e o mundo mudará para revelar sua nova crença. Resista a isso e nada mudará. Temos um poder maior do que supomos – isto já foi repetido diversas vezes neste livro, cada vez de uma forma diferente. Se acreditarmos que somos fracos, o mundo vai continuar a 'acontecer para *nós'. Quando, porém, nos conscientizarmos de quem na verdade somos, de que somos unos com a força criativa que tudo fez, o mundo irá 'acontecer* por *nós', e conseguiremos levar a paz simplesmente admitindo termos estado errados acerca da guerra. Quanto nos custaria essa mudança? Você está pronto a abandonar a ideia de que o mundo é dividido em duas forças e aceitar que é uno?*

Se nossa peça teatral tiver que revelar algo será a verdade que tem sido expressa por muitas disciplinas, em nosso caso, pela ciência, pela psicologia e também pelo enfoque espiritual. Talvez pela primeira vez na história, temos a oportunidade de examinar o mundo sob uma nova perspectiva, livre dos limites de preconceitos antigos. O que encontramos? Muito simplesmente que a maioria de nossos pressupostos sobre o universo estavam errados e que precisamos reconsiderar tudo, especialmente nós mesmos.

Vamos continuar como vítimas do mundo ou vamos nos levantar e aceitar o poder que nos foi concedido desde o início dos tempos? De uma maneira ou de outra, temos que olhar isso de frente. Por que não agora?

Quando deixamos nossos personagens eles haviam chegado a uma conclusão muito importante. Embora pareçam estar discutindo cada Caminho sob uma perspectiva diferente, no fundo eles estão dizendo essencialmente a mesma coisa. Tire o jargão e os rótulos e você ficará com uma só verdade, uma experiência da força única que existe de fato. Não é surpreendente que eles concordem sobre essa premissa inicial, porém o fato de que sua linguagem também comece a ficar semelhante pode ser bastante intrigante.

O Místico olhou para seus amigos e disse:

— Já caminhamos um longo percurso nestes Caminhos e, ainda assim, não chegamos a lugar nenhum. Findamos onde começamos, isto é, na conscientização de que há algo sem precedentes acontecendo no mundo. Todas as nossas disciplinas estão revelando o mesmo: o mundo que pensávamos conhecer tão bem é, na verdade, um mistério para nós, embora seja claramente revelado à verdade de nossas almas. Para a alma não constitui mistério algum. Estamos sempre orando e criando o mundo que queremos. Se quisermos mudá-lo, só precisamos alterar nosso conceito sobre ele, pois nossos pensamentos, nossas emoções e nossos sentimentos são a fonte primordial de tudo aquilo que percebemos. Porém, não conseguiremos vivenciar esse mundo transformado se não nos tornarmos a realidade que buscamos. Se quisermos paz, temos que nos tornar paz. Todas essas verdades nos levam ao Caminho de hoje, o ponto mais alto deles todos: *O Amor é a única força do universo*.

— Já dissemos isso de inúmeras formas — disse a Psicóloga. — O amor está além de uma descrição verbal. As palavras nunca conseguem descrever o que é paz ou amor. Somente a experiência demonstra a realidade. Algumas pessoas têm que passar por experiências dramáticas para chegar lá: experiência de quase-morte ou doenças aparentemente terminais. Só então começam a apreciar a vida e enfocar toda sua energia na paz.

— De uma perspectiva científica tudo se une no final. Isto é o máximo que se consegue alcançar ao discutir o amor. Falamos de campos unificados e padrões de ressonância e admitemos que essas forças vão além de nossa compreensão. Poderíamos dizer que o amor é a única realidade e a ciência não poderia discordar desta teoria. Só usaria palavras diferentes para expressar isso — disse o Cientista.

— Somente Deus existe — o Místico completou. — Todas as tradições antigas já o disseram, de uma forma ou de outra, embora alguns ainda falem de uma outra força chamada mal. Creio que tanto uns quanto outros estejam certos. Se acreditarmos que só o amor existe, o mal não pode se opor ao bem, exceto em nossa imaginação. Aquilo que fica preso em nossa imaginação, no entanto, não tem efeito real. Fica limitado ao mundo dos sonhos, enquanto que a realidade existe de forma totalmente independente.

— O mais próximo que conseguimos chegar da compreensão desta experiência é ficar no estado de gratidão — disse a Psicóloga. — Isto é o mais próximo que conseguimos chegar do Amor Divino, pois ele nos ensina em níveis que não conseguimos atingir com o intelecto. Se todos desenvolvermos o hábito de contar nossas bênçãos, mesmo que isso pareça básico demais ou antigo e fora de moda, nós, nesse estado de gratidão, conseguiremos atrair o amor. Isto, afinal, é o que todos buscamos, pois na essência, todos entendemos a verdade deste Caminho.

— Nos últimos mil e setecentos anos — disse o Cientista, — temos sido convidados a seguir um caminho que afirma que o amor existe, mas que existe, também, o oposto do amor, a luz e a sombra. Ao ver o mundo através dessa polaridade, nós a imaginamos em todas as situações, em todos os relacionamentos, e até em nossa relação com o Criador. Os essênios tinham isso bem claro, isto é, que no nível mais profundo das tradições esotéricas, amor e ódio são uma só força, diferente somente na forma como nós, humanos, demostramos. Em outras palavras, há somente uma força em atuação que vem de uma Fonte única ou de um Criador. Esta é a força que somos levados a incorporar a cada minuto em nossas vidas.

Chamamos essa força de Amor.

— Este é um modo bem surpreendente de se examinar este Caminho — disse o Místico. — Amor e medo são na verdade a mesma energia expressa de modo diferente. Quando nos apercebemos disso, podemos permitir que eles se movam de um para o outro, dois lados de uma mesma moeda. Fugimos do medo e seguimos em direção ao amor, e, às vezes, fazemos o oposto. O que aconteceria se permanecêssemos absolutamente imóveis, só deixando que a energia única da verdade se estendesse até nós? Melhor do que isso, e se percebêssemos que uma energia única vem até nós continuamente e que não podemos nos separar dela exceto em nossas ilusões?

— Este é um outro ponto onde a espiritualidade, a psicologia e a ciência se fundem — disse a Psicóloga. — Energia é sempre energia e não precisa ter oposto. Quando fluímos com o que quer que esteja acontecendo, conseguimos divisar o amor em cada situação.

— Assim, compreendemos a verdade deste Caminho — disse o Cientista. — O Amor é a única força verdadeira do universo e qualquer coisa que pareça se opor a ele não é real. Uma vez mais estamos em território comum. Podemos perfeitamente jogar fora os rótulos e aceitar que estamos dizendo a mesma coisa.

— E estamos mesmo — concordou o Místico. — Na verdade, há cada vez menos a ser dito. Tudo está se desvanecendo em um oceano de paz. Creio que foi esse o motivo pelo qual começamos nossa discussão.

O Sétimo Caminho

O mundo já está curado.

NARRADOR:

Chegamos ao ponto sem volta. O que vamos fazer agora? Só há duas opções. A primeira é voltar atrás para o mundo que lhe é familiar onde seus sonhos não são ameaçados pelas estranhas ideias lidas neste livro. A segunda é muitíssimo mais arriscada e cheia de aventuras. Você conseguiria dizer um grande Sim *a tudo que ficou sabendo e a toda a evidência que examinamos juntos? Você está pronto a se arriscar e adotar um mundo que não está acorrentado a velhas crenças, a limitações do mundo, de si mesmo e até de Deus? Pronto para sair da redoma de vidro?*

O fato de você ter permanecido fiel à leitura deste livro tem um grande significado. Você já poderia ter dado meia volta, jogado a toalha e dito "pra mim chega!" Pode ser que você tenha até pensado em fazer isso, porém não o fez e ficou firme e forte, à espera. Talvez não saiba nem o que está esperando, mas alguma parte de você ouviu o chamado e crê como se uma memória antiga estivesse em você, ansiosa para ser uma vez mais liberada. "Será verdade?" você se pergunta. "Será que há uma probabilidade remota de que isso seja possível?"

"O mundo já está curado." Não há desafio maior do que este para o ego que o mundo criou. Este é um ataque direto a tudo o que o ego criou, tudo aquilo que lhe é caro. Vai na contra-mão de todas as provas que você conseguiu coletar sobre si mesmo, sobre as terríveis imagens que você formou em sua mente para justificar os ataques, as defesas e todos os armamentos que o protegem daquilo que você não consegue entender. "O mundo logicamente não está curado", você provavelmente continua insistindo. É só dar uma olhada ao redor... se isso for estar curado...!

Faça uma pausa agora. Deixe de lado este argumento e pense um pouco. E se você conseguir mudar tudo isso juntamente com as pessoas que pensam como você, somente tomando uma postura nova? E se o mundo é assim porque é assim que desejamos que ele seja, é assim que nós pedimos que ele fosse, por sabe-se lá qual razão? E se isso ajuda a justificar a imagem de que somos uma espécie fraca e a mercê da natureza, de motivações grosseiras e quaisquer outras desculpas que precisamos para manter o mundo do jeito que está? Que diria se soubesse que podemos mudar isto em um minuto, simplesmente escolhendo amar ao invés de ter medo? Não se apresse em dizer que não pode ser tão simples assim, porque talvez possa. A decisão talvez tenha sempre estado em nossas mãos.

"O mundo já está curado." Respire estas palavras por um momento. Considere esta afirmativa a essência da verdade e saiba que você tem permissão para penetrar nesta verdade neste instante. Você está afim? Vale a pena assumir o risco ou será mais fácil conservar-se no status quo, *ou seja, manter todos os velhos*

padrões que satisfizeram suas necessidades de ficar anônimo, apartado e solitário? De qualquer modo, o que você teria a perder? Você acha difícil desistir de ser derrotado? Será impossível aceitar que você tem tudo para ser feliz e contente, independentemente de como pareçam estar as coisas? Se o mundo já está curado, por que, então você não está participando dessa cura? Por que você ainda vive no desespero quando a vitória está tão próxima?

Estas questões não estavam em nossa cogitação perguntar até agora. Talvez porque nem soubéssemos formulá-las ou nem sabíamos que pudesse haver uma alternativa. Agora, entretanto, você já sabe, e isso é um fato irreversível. Você pode fechar este livro e retirar-se para o mundo que um dia fez sentido para você, porém sempre ficará a dúvida se o que aprendeu não é a mais pura verdade. "E se...?" você se pergunta e a resposta será sempre a mesma. Você não pode fugir de si mesmo, por mais que tente.

"O mundo já está curado." Aproveite já. Agarre-se a esta realidade e não a deixe fugir, mesmo que sua mente se debata; deixe que ela esperneie à vontade. Você já foi longe demais para voltar atrás. Há muito em jogo agora que você conseguiu tirar os véus e divisar a verdade. O poder de voltar para casa sempre foi seu, só que você não sabia. No entanto, agora você já sabe, é só querer. Pode abrir seu coração e aceitar o amor de Deus por você, não a imagem que fez de si mesmo, mas você do jeito que é. Não é tão difícil assim. Pode dar uma dorzinha, mas logo a Luz aparece, rompendo as dificuldades.

Os três amigos respiraram fundo, pois sabiam estar no fim da discussão. As percepções que partilharam e as lições que mutuamente aprenderam não representavam nada se comparadas com a proximidade que sentiam. Embora tivessem se sentado à mesa como três indivíduos distintos, vindos de três escolas de pensamento diferentes, perceberam ao final que não estavam tão separados como haviam a princípio pensado. Esta era, afinal, a mais verdadeira lição dos Caminhos e eles permitiram que a corrente que corria abaixo da superfície emergisse para mostrar-lhes a verdade.

— Chegamos ao último Caminho — disse o Místico, — e é um lugar estranho para se acabar. É, de fato, um começo, a conscientização do verdadeiro significado da paz e a libertação do mundo do desespero. Todos os outros Caminhos saem deste e voltam para ele, que diz: *O mundo já está curado*. Quem gostaria de começar?

Eles se entreolharam como se não fosse certo perturbar aquele momento de silêncio. O que mais faltava ser dito que já não o fora? O que mais poderia ser acrescentado a esta afirmação, o alfa e o ômega do mundo real? Assim como este caminho é o sumário de todas as verdades discutidas, também seus depoimentos finais deveriam abarcar tudo o que fora dito ou tudo aquilo em que acreditam, todos os sonhos que os levaram a sentar-se àquela mesa, para início de conversa.

— Eu creio — disse a Psicóloga, — que nosso eu real, ou verdadeiro, está curado porque Deus nos criou perfeitos e tudo o que Deus criou é eterno, imune a doenças e desintegração. Nós optamos por nos concentrar na morte ao invés da vida, na culpa ao invés da alegria, e o mundo refletiu essas escolhas. Foram, porém decisões erradas. É simplesmente isso. Olhávamos para um mundo que na verdade não existia, só na ilusão. Mesmo a evidência que provava a existência do mundo era ilusória, pois sempre podíamos escolher como reagir ante as circunstâncias que se nos deparavam.

— Chegamos a uma encruzilhada do caminho — disse o Cientista. — A maioria vai discordar desta afirmativa de que o mundo já está curado. Há pouquíssimas provas, como bem lembrou a Psicóloga, para corroborar esta pretensão. Mesmo assim, parece que adentramos um terreno que não precisa desse tipo de evidência.

Uma vez que isso seja incorporado como experiência de vida, ancorado em nossas almas e na forma como nos relacionamos com os outros, haverá a necessidade de olhos novos para ver, olhos que possam ver um Mundo Novo.

— Sim — disse o Místico. — Não há forma de descrever esta experiência porque ela está além das palavras, além de meros conceitos. Quando nós a vivenciamos, no entanto, quando ela nos preenche, não temos mais o que explicar. Com nossa alma podemos absorvê-la na íntegra.

— Isto também se relaciona diretamente com a ciência moderna — continuou o Cientista. — A ciência quântica sugere, e os antigos já diziam a mesma coisa em sua linguagem antiga, que tudo existe em possibilidades. Assim, para todo momento de doença, mal-estar e sofrimento, existe também um momento de paz, de cura e de vitalidade jovial. Nós determinamos em nosso mundo acordado e consciente o que queremos vivenciar pela escolhas que fazemos e como lidamos com as dificuldades da vida a cada momento. Assim, quando escolhemos amor e compaixão, atraímos uma energia de cura para nossas vidas e isso se torna parte do coletivo que determina aquilo que acontece no mundo. Já que, na realidade, nosso mundo está curado, estimulamos essa cura no mundo coletivo quando fazemos demonstração dela em nossa vida.

— Na certa existem realidades paralelas — disse a Psicóloga, — todas concomitantes coexistindo no mesmo espaço, exatamente como o Cientista disse há pouco. Eu comparo isso a sete aparelhos de vídeo em cima da televisão. Digamos que existam sete programas diferentes passando, cada um mostrando um filme diferente. Um é uma obra-prima, outro é entediante, um é uma tragédia etc, e nossos pensamentos, emoções e sentimentos decidem qual querem enfocar. Ligamos o botão do aparelho de vídeo onde está passando um determinado espetáculo. A maioria das pessoas leva a vida na superficialidade e nem desconfia por que em um momento passa pela tragédia e no momento seguinte já está em uma comédia. Isso acontece porque estão apertando o botão do 'medo'. A obra-prima, entretanto, está sempre lá, à espera de ser escolhida. O que é bom não tem que ser seguido pelo que é ruim. Podemos ter uma obra-prima que seja firme e sólida, se for o que queremos. Uma outra coisa que percebo é que muitas pessoas acham que só podem crescer com a dor ou que Deus tem que nos testar. Eu creio que crescemos muito mais depressa através da paz. Nós nos testamos e Deus nos concedeu o poder de elaborar nossos próprios testes.

— Além disso, por que não atrair para nossas vidas testes que reflitam alegria ao invés do medo...? — disse o Místico.

— ... Paz ao invés de guerra? — acrescentou o Cientista.

— Exatamente... podemos escolher a realidade que quisermos. Não é esse o fundamento maior deste e dos outros Caminhos? Não somos vítimas do mundo, porém nós o criamos com cada pensamento, sentimento e emoção que vivenciamos.

— É isso mesmo — o Místico disse. — O mundo não se impõe a nós, porém acontece como nosso fruto. Estamos co-criando nossa experiência com a Mente que chamamos de Deus. Nunca estivemos apartados desta Mente, a não ser em nossa imaginação. O que é imaginado, no entanto, não é real. Somente aquilo que é eterno é real... e isso é nossa salvação definitiva.

— Enfim, a Ciência, a Psicologia e o Misticismo estão todos dizendo a mesma coisa — concluiu o Cientista. — O mundo já está curado quando nos permitimos vivenciar essa cura. Tudo sempre volta para nós... para nossa percepção do mundo, de nós mesmos e da realidade que muitos chamamos de Deus. Quando entendemos essas coisas, não com nossa mente mas com toda a integridade de nosso ser, tornamo-nos realmente livres.

Parte 3

Orações e Meditações

Assim, agora que já estabelecemos o significado de 'Orar Paz', como fazer para ativar esta força poderosa e literalmente orar pelo surgimento de um novo mundo? Dissemos no início deste livro que você tem o poder de mudar o mundo, não de forma grandiosa, porém de maneira tão essencial que muitas vezes nem nos apercebemos das oportunidades que surgem. O objetivo deste livro é lançar as fundações de um edifício que possa ser construído e vivenciado por qualquer um, independente de sua capacidade intelectual. Esta maneira de orar confunde totalmente o intelecto, pois é preciso a inocência de uma criança para embarcar nesta busca grandiosa de 'curar todo o universo'. Livre-se de ideias tais como: "Quem sou eu para...?" ou "Jamais fui capaz disso antes". Tais conceitos são totalmente sem sentido. Agora que você já conhece o objetivo verdadeiro da oração e percebe que o mundo não é nada mais nada menos que a projeção de sua mente e imaginação, você já pode criar o mundo que quiser e não se contentar com o que aí está. Se isso fizer sentido para você, prova que já percorreu um longo caminho. Se você estiver disposto a deixar de lado a 'lógica razoável' do intelecto e aceitar a noção de que a mente concreta é completa e irrevogavelmente incapaz de compreender isso, nada estará fora de seu alcance.

Há muitas maneiras de aplicar essa forma de oração em sua vida. Quanto mais criativo você for, melhor será. Use os Sete Caminhos para a Paz da forma que faça mais sentido para você. Eles são como sementes que, uma vez nutridas de maneira correta, crescem e florescem por si. Não é preciso dizer à semente como ou o que fazer, sua sabedoria natural precisa só de água para sobreviver. Uma vez que se dê boas vindas a esse poder em nossa vida, o resto vem por si. Você pode optar por meditar nos Caminhos, lendo-os, um de cada vez, deixando que sua sabedoria inerente atravesse aos poucos sua mente aberta a isso. Ofereço agora só uma sugestão, uma forma de arrancar as palavras do papel para integrá-las em sua vida. Lembre-se de que está sendo levado para um lugar de onde poderá tomar suas próprias decisões, onde se espera que se torne um 'Adulto Espiritual'. Você está pronto a se ajustar ao que lhe foi oferecido aqui de um jeito único, adaptando tudo a suas percepções e talentos. O Espírito da Verdade tem confiança em você! Não é este um pensamento liberador? Peque agora este presente e saia correndo com ele, impulsionando-se até os limites mais expandidos de seu universo consciente. Você vai se surpreender com sua própria força e sabedoria.

Antes de começarmos, vou sugerir algumas diretrizes. Ao trabalhar com os Caminhos, seja qual for o modo escolhido, conserve estas três ideias em mente:

1. O mundo que você deseja já existe. Você não precisa criá-lo; é só atraí-lo para sua experiência consciente.

2. Não tente mudar nada no mundo. Busque uma mudança *em sua mente*, tornando-se aquilo que procura ser, e observe o milagre.

3. A expressão maior da 'Mente Universal', também conhecida como Deus, é Paz. (Paz, neste contexto é o mesmo que Amor.) Não nos referimos à versão de paz formulada pelo ego que nada

mais é do que o oposto de conflito, porém aquela 'paz que ultrapassa o entendimento'.

Use estas verdades como marcos de sua prática. Elas são 'Os Três Pilares da Paz', inspiradoras daquele ponto em sua alma que já conhece a experiência que você está buscando. Uma vez que isto esteja bem desperto, você não mais vai precisar destes conceitos, pois já terá se tornado sua vívida expressão. Até lá, porém, deixe-os como plumas soltas que flutuam ondulantes à sua frente, como lembretes suaves da sua verdade interior.

Uma Semana pela Paz

Reserve esta semana de sua vida para se concentrar em Orar Paz. Opte por passar sete dias focado em como você pode espalhar este presente para seus relacionamentos do dia a dia, em seu trabalho, em todas as situações comuns em que se encontre. A Paz não vem de fenômenos extraordinários, mas vem muito mais do que se confronta no decorrer de cada dia. Este é o campo de provas, onde encontramos as mais fortes resistências, os maiores desafios e a maior oportunidade de viver nossa vida de maneira a refletir esses princípios.

Deixe que cada dia desta semana seja uma verdadeira oração. Deixe que sua vida seja a expressão plena dessa oração e deixe que cada Caminho vá lhe ensinando o significado cada vez mais profundo da paz. Não estamos pretendendo buscar o entendimento de um outro conceito, mas entrar em contato direto com a realidade que existe além de todos eles. Comprometa-se com somente sete dias vividos nesse espaço aberto e permita que a realidade que você evitou até agora penetre em sua mente.

OS SETE CAMINHOS DA PAZ

Estamos sempre orando; o pensamento é uma oração.

O alvo de sua concentração se expande.

Para mudar o mundo, mude seus conceitos acerca dele.

Se você quiser ter paz, seja Paz.

A Paz está sempre presente, ainda que por vezes escondida.

O Amor é a única força do universo.

O mundo já está curado.

O Primeiro Caminho

Estamos sempre orando; o pensamento é uma oração.

Oração da Manhã:

"Ser Divino, abra meu coração hoje para que eu possa perceber minhas orações constantes. Meus pensamentos fizeram o mundo que vejo, de maneira que cabe a mim desfazer o mundo de conflitos e desespero, revelando uma alternativa brilhante onde só o amor é real. Estou ciente dos meios que usei para limitar a mim mesmo e também estou ciente de ter projetado essas limitações em todo o universo. Além disso, ao me tornar consciente, vou aprender a orar de uma nova maneira, liberando o poder de minha alma criativa que deseja uma só coisa – Paz. Preencha-me agora com sua chama e ajude-me a estar atento à minha mente. Ensine-me a orar, Ser Divino."

Prática Diária:

Com a máxima frequência possível, faça a si mesmo esta simples pergunta:

"Para que estou orando neste momento?" Fique bem consciente de seus pensamentos a cada momento. Estaria sua mente, nesse instante, focada em um ganho abençoado ou em uma perda? Estaria você preocupado com o futuro ou ruminando o passado? Ou estaria seu coração centrado no presente onde estão todas as possibilidades? Seja honesto consigo mesmo. Somente você saberá a verdade. Quando você estiver bem ciente de seus pensamentos diga a si mesmo:

Estou disposto a 'Orar Paz' agora e em todos os momentos.
Só então posso ter a experiência da dádiva que desejo dar a todos.

Esse deve ser seu mantra hoje, pois quanto mais disposto você estiver a se tornar ciente de seus pensamentos, independentemente de quão amedrontador isso possa ser, mais fácil será transformá-los em algo que ilumine os cantos sombrios de sua mente. Se você tiver um relógio que possa programar para soar a cada hora, isso pode servir como um lembrete útil. Ou você também pode se decidir por uma palavra que a cada vez ouvida, como seu próprio nome, vai lembrá-lo de examinar seus pensamentos do momento. O mais importante é não cair na armadilha de julgar se os seus pensamentos são bons ou maus, certos ou errados. Simplesmente tome ciência deles e fique pronto para transformá-los.

O Segundo Caminho

O alvo de sua concentração se expande.

Oração da Manhã:

"Ser Divino, assumo plena responsabilidade por meus pensamentos no dia de hoje. Eles estabelecem o mundo que vejo e, assim, eles têm o poder de criar um Mundo Novo baseado na realidade e não na ilusão. O alvo de minha concentração se expande, por isso eu enfoco a Paz.

Esta é a lei e reconheço minha responsabilidade ao usar esta lei para cumprir meu destino, que é compreender que sou um com o Criador e, portanto, possuidor da capacidade de criação de Deus. Isto sempre foi assim, porém eu tinha escolhido a sombra ao invés de optar pelo Mundo Real. Vou usar meu poder, agora, para orar pela existência de um mundo onde o conflito seja impossível e a separação um sonho esquecido. Resolutamente, fixo minha atenção na compaixão e na paz. Concentro minha mente somente nas dádivas que fluem de Seu Coração Infinito, Ser Divino, pois nada mais é digno de mim. Aceito o poder que foi dado à minha mente e vou usá-lo agora para criar um Mundo Novo."

Prática Diária:

Após ter percebido o poder de minha mente e de meu coração, vamos praticar o uso dessa força para criar o mundo que desejamos. Quando começar seu dia, escolha a 'afirmação de intenção' que vai refletir seu compromisso de enfocar a Paz. Um exemplo disso seria:

O único alvo da minha atenção, hoje, é a Paz.

Ou

Hoje, vou perceber a Paz que existe em todos os lugares, independentemente das aparências externas.

Com a máxima frequência, faça uma pausa e diga sua 'afirmação de intenção' com grande concentração. Depois disso, olhe à sua volta e veja a realidade, ao invés da ilusão. Se você estiver preso no tráfego, aproveite esta oportunidade para espalhar o sentimento de paz. Pode ser que queira dizer uma oração curta que homenageie alguém que teve algum impacto sobre sua vida hoje. Se você encontrar duas pessoas, até você mesmo, envolvidos em uma discussão penosa, veja a paz que está além do conflito, a realidade que parece estar longe de sua vista. Concentre-se nessa realidade e observe seu crescimento. Seja o que for que você veja à sua frente, busque a Paz, mesmo que seja difícil. Ela está lá. Ela está sempre lá. Cabe a nós encontrá-la e, depois, enfocar nela nossos pensamentos e sentimentos.

O Terceiro Caminho

Para mudar o mundo, mude seus conceitos acerca dele.

Oração da Manhã:

"Ser Divino, conceda-nos um dia para nos darmos conta da melhor forma de mudar o mundo. Aceitamos a verdade de que o mundo que percebemos nada mais é do que a projeção de nossos pensamentos, sentimentos e emoções. Fizemos tudo que existe e todas as experiências que vivemos foram por nós pedidas. O universo só muda quando nos concentramos na compaixão e na paz, ao invés de na competição e na guerra. Assumimos plena responsabilidade, hoje, pela construção de um mundo que reflita o Plano Divino, o Mundo Novo onde a realidade se estabelece nas mentes e nos corações de todos os seres. Faça bom uso de nós. Nós nos voltamos para Vós, para sermos instrumentos de cura. Nós nos colocamos em vosso altar onde aprenderemos aquilo que for necessário. Hoje é o dia em que começamos de novo, levados por Vossa mão suave em direção à verdade."

Prática Diária:

Comece o dia dando-se conta de seu verdadeiro objetivo, a razão de sua vida no mundo. Você está aqui para ser um instrumento da Paz, um veículo pelo qual a Paz pode existir no Mundo Novo. Já aceitamos a responsabilidade de criar o mundo que percebemos. Vamos começar agora o processo de mudança dos pensamentos para que reflitam a cura que desejamos.

Tanto quanto possível, lembrado pelo despertador de um relógio ou por uma palavra escolhida para isso, procure tornar-se consciente dos pensamentos que preocupam sua mente. Se você se der conta de um pensamento que promova a cura e a unidade, diga a si mesmo:

Estes são os pensamentos e emoções que curam o mundo.

Esta afirmação por si só tem o poder de acionar mais pensamentos de cura. Se, entretanto, você se tornar consciente de pensamentos de separatividade, que provoquem conflitos ao invés de cura, diga a si mesmo:

Eu opto pela Paz nesta situação.

Esta frase não é dita para negar aquilo que está à sua frente, porém visa a transformação da situação. Este é dos mais potentes usos da oração; a transmutação das energias de separação em energias de união e cura. O problema e a solução estão ambos em sua mente. Procure aí a mudança; em nenhum outro lugar.

Faça este exercício o máximo de vezes durante o dia.

O Quarto Caminho

Se você quiser ter paz, seja Paz.

Oração da Manhã:

"Ser Divino, só existe uma coisa no universo que representa alguma coisa para mim agora – Paz. É a única coisa que pode satisfazer minha fome e saciar minha sede, e estou disposto a aprender o verdadeiro caminho que leva à realização desse desejo. Vou me tornar a experiência que busco. Vou me doar completamente à Paz que meu intelecto não consegue entender. De boa vontade ponho de lado tudo aquilo que não corresponda à mais perfeita realidade e opto por adotar uma posição que vai me levar à verdade. Sou a Paz agora. Vou deixar para trás todas as forças que têm bloqueado meu acesso a este templo sagrado e me ver na integridade, e, além disso, vou ver todas as coisas na mesma Luz. Só aceito a graça, Ser Divino, e me comprometo a passar aos outros a graça recebida."

Prática Diária:

Como se tornar Paz? Como todo pensamento é uma oração, é através de nossos pensamentos, sentimentos e emoções que destravamos a porta que nos leva a tudo o que queremos. Não existe nada novo ou revolucionário nisso. Na realidade, sempre fizemos assim. Só que agora nós optamos por ser instrumentos de paz ao invés de conflito, e o mundo vai refletir essa nova escolha. O mundo está à espera de nosso comando e vai responder de acordo com a concentração de nosso desejo. Sempre nos ensinaram que nós não podemos controlar o mundo, mas que somos controlados por ele, e todas as provas indicam exatamente isso. Agora, porém, vamos olhar para uma realidade muito mais profunda que não pode ser entendida pela mente. Admitimos que essas ideias significam muito pouco para nosso intelecto, porém vamos entender que somos um com a verdade.

Não podemos nos tornar Paz sem a ajuda do Espírito da Paz. Em outras palavras, precisamos buscar a Deus para que Ele nos ensine tudo aquilo que precisamos saber. Já esquecemos como é viver essa clara realidade o tempo todo e só quando nos rendermos é que começaremos a relembrar. Permita que esse dia seja de oração silenciosa. Peça ajuda à sua maneira e preste atenção na resposta. Pare tantas vezes quantas forem necessárias e doe-se ao Grande Professor que conduz à verdade. Tenha confiança em tudo que seja revelado, pois esse Professor compartilha com você o objetivo de se tornar Paz.

O Quinto Caminho

A Paz está sempre presente, ainda que por vezes escondida.

Oração da manhã:

"Ser Divino, Ajuda-me a aprender esta lição específica hoje. Ensina-me a ver além do conflito que parece existir no mundo e perceber que a Paz está sempre presente. Sempre que o mundo tentar provar que a guerra pode eclipsar a Paz, deixe-me ir para dentro de meu coração que compreende a realidade. Eu saberei, então, a verdade, a mesma que não pode ser vista pelos olhos humanos, porém que pode ser vivenciada pela alma. A Paz está presente mesmo que o conflito pareça imperar. Ensina-me esta lei para que eu possa entender com os olhos do espírito, esses olhos que só vêem a verdade. Inspire esse local dentro de mim que vê além das ilusões do ego e que percebe a Paz que nunca esteve longe de Seus olhos."

Prática Diária:

Olhe nos olhos do máximo de pessoas hoje e tente aí ver a verdade. Você vai se surpreender de saber quanta verdade se apreende nos olhos das pessoas, porém não faça julgamentos. O presente que você der, certamente receberá igual. Será fácil ver a Paz em muitos olhos que você observar hoje e difícil em outros tantos. Os últimos são aqueles que oferecem as maiores oportunidades de aprendizagem para a libertação final. Olhe para eles e deixe em suspenso todo julgamento ou medo. Olhe além das ilusões e peça para ver a face verdadeira que fica por traz da máscara. Todos nós usamos uma máscara, porém cabe a nós olhar para além dela, para o lugar onde todos somos iguais, a própria face da santidade. Busque essa face em todo lugar durante o dia de hoje, o máximo que possa. Talvez seja interessante estabelecer um objetivo; olhar para os olhos de pelo menos uma pessoa a cada hora e ver a verdade. Quanto mais fizer isso, mais vai sentir o Mundo Real. Este, afinal, é o objetivo de todos estes exercícios.

O Sexto Caminho

O Amor é a única força do universo.

Oração da Manhã:

"Ser Divino, estou decidido a perceber hoje a única lei que existe na realidade. Só há uma força no universo, que é o Amor. O que mais eu preciso aprender além da lei que vai me libertar? Todas as lições para as quais eu abri meu coração conduziram-me a este refúgio onde minha mente pode descansar e onde descubro o verdadeiro significado da Paz. Se o Amor é a única força verdadeira do universo, o medo só pode ser uma ilusão, assim como tudo o mais que surge a partir dele. Esta verdade é minha salvação e, ao viver esta verdade, eu me torno um agente pacificador. Hoje é o dia em que vou liberar todas as ilusões e aceitar a verdade. Este é o momento em que derrubo todas as defesas e, de boa vontade, ofereço-Lhe um lugar em meu coração para viver e crescer. Busco somente Amor no dia de hoje, Ser Divino, pois esta é a única coisa que faz sentido para mim agora."

Prática Diária:

Chegamos agora a um estágio de crescimento onde podemos ver o Amor em todos os lugares, inclusive nos lugares onde ele não parecia existir antes. No passado, aprendemos a diferenciar entre aquilo que podia nos nutrir e aquilo que podia ameaçar nossas vidas, a diferença entre amor e medo. Chegamos, porém, a um lugar muito mais alto de onde temos uma visão mais ampla do que antes. Qual é a única lei que percebemos quando subimos a montanha? Somente o Amor, pois esta é a única força ativa e real do universo. Vamos ficar por ali, por algum tempo, observando cuidadosamente os movimentos do Amor que até agora tinham escapado à nossa atenção. Vamos olhar para o mundo e ver a luz brilhante do Amor à medida que ela ativa nossos centros superiores de consciência, lembrando-nos que Deus nunca perdeu o foco, nem mesmo por um instante.

Passe o dia calmamente refletindo sobre essa nova perspectiva. Ao cumprir a rotina que define quem você pensa ser, observe a todos que encontrar, permitindo que eles lhe ensinem quem você realmente é. Permita que eles lhe dêem um reflexo da verdade em si, não da ilusão, e observe como esta onda de amor lava sua alma. Aprenda a ver além do que 'parece' estar acontecendo, para divisar o que a verdade pode revelar. Quando se vir envolvido em uma situação que pareça conflitante ou perigosa, olhe com olhos compadecidos para todos os envolvidos e permita que sua visão transforme tudo aquilo que você percebe. Não é necessário dizer uma só palavra, pois sua presença já é o suficiente. A realidade do Amor nunca é ameaçada por dramalhões, porém você precisa estar aberto à realidade para ter experiência dela.

Deixe que hoje seja o dia em que o Amor vença como escolha, fazendo com que você veja só a ele por todos os cantos para onde se vire. Fique mais quieto hoje, permitindo que Deus lhe ensine uma simples lição: Ele nunca o esquece, ao contrário, tem sustentado você livre das ilusões que parecem minar seu equilíbrio.

O Sétimo Caminho

O mundo já está curado.

Oração da Manhã:

"Ser Divino, cheguei a um ponto em que posso ver a verdade da qual estive escondido até agora. Tentei criar um mundo que não coincidia com o Plano Divino. Tentei criar o oposto do amor e dar uma alternativa para a paz. Nada disso, porém foi ouvido por Vós que guardastes a verdade a salvo, protegendo a realidade das ilusões que eu usaria para destruir a verdade. Deponho hoje minha espada e aceito o que me foi revelado. O mundo já está curado e estou decidido a olhar somente para essa verdade no presente. Onde, no passado, eu via ataque, hoje vou ver a verdade. Onde, no passado, eu via o ódio, vou escolher somente o amor, pois isto é o que Vós escolhestes para mim, Ser Divino. Ofereço todas as ilusões que me separaram da visão da santidade e vou confiar plenamente em Vós. O amor me escolheu e respondo agora a essa escolha. Segurai-me em Vossos braços para que eu possa sentir a graça que flui de Vosso coração para o meu, hoje e sempre."

Prática Diária:

Hoje, vamos levar nossa prática ao ponto final. Esta é a arte do emissário da paz, a conscientização de que o mundo já está curado, não importam as aparências. Isto faria sentido para quem olha para o mundo e só vê conflito e guerra? Tal afirmativa é insana para quem usa os olhos para julgar. Já aprendemos que os olhos físicos não conseguem enxergar a realidade, mas sim a sombra dela, o mundo enraizado no medo. Se quisermos enxergar a verdade, devemos olhar com os olhos do espírito, esses que tudo vêem do mesmo jeito, banhado pela santidade e pela graça. Nós estamos cientes de que há somente uma lei em atividade em nossas vidas, a lei da paz e do amor. Tudo que pareça se opor a essa lei é uma ilusão, não sendo real. Quando enfocamos nossa visão deste modo, tornamo-nos emissários da paz, pois permitimos que o milagre flua através de nós. Não podemos saber o que é o milagre ou de como ele opera. Só podemos nos tornar o milagre e deixar que o mundo se transforme ao nosso redor.

Permita que o Caminho de hoje seja seu mantra. Ao longo do dia, olhe o mundo com olhos bondosos e diga "O mundo já está curado". Você está recebendo um chamado para ser testemunha dessa cura. Quando você se coloca como testemunha, está dando força à transformação do universo, tornando-se o veículo e o instrumento pelo qual a paz se espalha pelo mundo. Sempre que possível pare e olhe ao redor, dizendo com o máximo de gratidão que consiga sentir: "O mundo já está curado". Esta é a chave, pois a gratidão catalisa e ativa o Mundo Real. Use isso como sua única ferramenta do presente. As palavras ditas são verdadeiras e a verdade vai levar você a uma experiência que transcende ao intelecto. A mente já encontrou seu lugar atrás do coração e damos um passo à frente com o espírito pleno de amor. Você percorreu um caminho bem longo, mas já chegou em casa. Seus são os olhos de quem vê um mundo curado. Abençoados aqueles que se permitem serem usados dessa forma.

ORAÇÕES

A grande maioria de nós aprendeu que nossa oração é definida pelas palavras ditas. Recebemos, quando pequenos, uma lista de orações para rezarmos antes de dormir ou na igreja com a família. Agora entendemos que as palavras têm pouco significado quando alijadas da emoção e do sentimento que lhes dão poder. As palavras podem, com certeza, acionar um lugar interior que responde a energias mais sutis, tornando a oração uma força real e ativa em nossa vida, porém, na verdade, é o sentimento inspirado por elas que detém toda a magia. Sem as emoções e os sentimentos, a oração permanece imóvel, sem ação.

As orações aqui oferecidas têm tido uma grande participação na minha própria jornada, pois elas acionam um sentimento de paz dentro de mim. Tenho viajado pelo mundo apresentando as orações pela paz das doze maiores religiões do mundo e elas transformaram minha vida, não por conterem algo muito poderoso em termos de palavras, mas por me relembrarem da coisa mais importante da minha vida. Gostaria de oferecê-las a você, agora, na esperança de que elas toquem um lugar especial em seu coração. Seria bom você imaginar alguém de cada uma dessas religiões quando for rezar, ou fazer o que for necessário para evocar a emoção da paz, pois este é o verdadeiro objetivo da mesma.

Não posso aconselhá-lo, pois isso é muito subjetivo, sendo que cada um tem acesso ao sentimento de paz da maneira que lhe pareça mais natural. Faça experiências até que sinta que elas tocam seu coração.

Estas orações foram rezadas em conjunto pela primeira vez em 11 de novembro de 1986, quando os líderes das maiores religiões do mundo se reuniram em Assis, na Itália, para se concentrar na paz. Prestamos nossa homenagem a esses líderes agora, pedindo para sermos usados para criar um mundo baseado nas leis do amor.

Oração Hindu para a Paz

Ó Deus, conduza-nos do irreal para o Real
Ó Deus, conduza-nos das trevas para a luz
Ó Deus, conduza-nos da morte para a imortalidade
Shanti, Shanti, Shanti[4] para todos.

Ó Senhor Deus Todo-poderoso,
Que haja paz nas regiões celestiais.
Que haja paz na terra
Que as águas sejam apaziguadoras
Que as ervas sejam saudáveis e que as árvores e plantas tragam paz a todos.
Que todos os seres do bem nos tragam paz
Que a Lei Védica propague a paz pelo mundo.

Que tudo possa ser para nós uma fonte de paz
E que Sua paz distribua paz a todos
E que essa paz também chegue até mim.*

** Oh God, lead us from the unreal to the Real / Oh God, lead us from darkness to light / Oh God, lead us from death to immortality / Shanti, Shanti, Shanti unto all./ Oh Lord God, may there be peace in Celestial regions / May there be peace on earth / May the waters be appeasing / May herbs be wholesome, and may trees and plants bring peace to all./ May all beneficent beings bring peace to us / May the Vedic Law propagate peace all through the world./ May all beings be a source of peace to us / And may thy peace itself bestow peace on all / And may that peace come to me also.*

---

[4] NA: Shanti é a antiga palavra sânscrita que significa "a paz que vai além de toda compreensão".

Oração Budista para a Paz

Que todos os seres atormentados
por sofrimentos de corpo e mente
sejam rapidamente libertos de seus males.
Que todos os que temem, deixem de ter medo
e que todos os aprisionados tenham a liberdade.
Que os fracos tenham força
e que as pessoas sejam amigas umas das outras.
Que aqueles perdidos em regiões selvagens e amedrontadoras
– crianças, velhos e desvalidos –
sejam guardados por entidades celestiais benfazejas,
e que logo possam atingir a santidade de Buda.*

* *May all beings everywhere / plagued with sufferings of body and mind / quickly be freed from their illnesses./ May those frightened cease to be afraid / and may those bound be free./ May the powerless find power / and may people think of befriending one another./ May those who find themselves in trackless, fearful wilderness – the children, the aged,/ the unprotected – be guarded by beneficent celestials / and may they quickly attain Buddhahood.*

Oração Zoroastriana pela Paz

Oramos a Deus pela erradicação
de toda a miséria do mundo;
que a compreensão triunfe sobre a ignorância,
que a generosidade triunfe sobre a indiferença,
que a confiança triunfe sobre o desprezo
e que a verdade triunfe sobre a falsidade.*

* *We pray do God to eradicate all the misery in the world:/ that understanding triumph over ignorance / that generosity triumph over indifference / that trust triumph over contempt / and that truth triumph over falsehood.*

Oração Jainista pela Paz

A Paz e o Amor Universal são a essência
do Evangelho pregado
por todos os Iluminados.
O Senhor pregou a igualdade no Darma[5].
Perdôo todas as criaturas,
e que todas as criaturas me perdoem.
Que eu tenha por todos amizade e por ninguém inimizade.
Que saibam que a violência é a raiz de todas as misérias do mundo.
A violência, na verdade, é o grilhão da servidão.
"Não prejudique nenhum ser vivo."
Este é o caminho eterno, perene e inalterável da vida espiritual.
Uma arma, por mais poderosa que seja
sempre poderá ser superada por outra ainda melhor;
Nenhuma arma, porém, consegue ser superior à não-violência e ao amor.*

* *Peace and Universal Love is the essence / of the Gospel preached by all the / Enlightened Ones./ The Lord has preached that equanimity / in the Dharma./ Forgive do I creatures all,/ and let all creatures forgive me./ Unto all I have amity, and unto none enmity./ Know that violence is the root cause of all miseries in the world. / Violence, in fact, is the knot of bondage./ "Do not injure any living being."/ This is the eternal, perennial, and unalterable way of spiritual life./ A weapon, howsoever powerful it may be, / can always be superseded by a superior one;/ but no weapon can, however,/ be superior to non-violence and love.*

[5] NA: A palavra *Darma* é traduzida como"a qualidade essencial do caráter".

Oração Judaica pela Paz

Venha, subamos a montanha do Senhor,
para trilharmos o caminho do Altíssimo.
E transformaremos nossas espadas em arados,
e nossas lanças em podões.
Uma nação não erguerá a espada contra outra –
e elas não mais aprenderão a guerrear.
E ninguém mais deverá temer, pois assim falou
O Senhor dos Exércitos.*

* *Come, let us go up to the mountain of / the Lord, that we may walk / the paths of the Most High./ And we shall beat our swords into ploughshares,/ and our spears into pruning hooks./ Nation shall not lift up sword against nation – / neither shall they learn war any more./ And none shall be afraid, for the mouth of the / Lord of Hosts has spoken.*

Oração Xintoísta pela Paz

Embora eu creia
que os povos que vivem
além do oceano que nos rodeia,
sejam nossos irmãos e irmãs,
por que há tantos conflitos no mundo?
Por que ventos e vagas se levantam
no oceano ao nosso redor?
Desejo apenas, com sinceridade, que o vento
sopre para longe todas as nuvens que
estão suspensas sobre os cumes das montanhas.*

* *Although the people living / across the ocean / surrounding us, I believe, / are all our brothers and sisters,/ why are there constant troubles in this world?/ Why do winds and waves rise in the / ocean surrounding us?/ I only earnestly wish that the wind will / soon puff away the clouds which are / hanging over the tops of the mountains.*

Oração dos Nativos Africanos pela Paz

Deus Todo-poderoso, Grande Polegar
do qual não podemos prescindir nem para atar um simples nó.
Trovão Ensurdecedor que fende árvores vigorosas;
Senhor que tudo vê das alturas,
até as pegadas de um antílope
num maciço de rochas aqui da Terra.
Vós sois aquele
que não hesita em responder ao nosso chamado.
Vós sois a pedra fundamental da paz.*

* *Almighty God,/ the Great Thumb / we cannot evade to tie any knot;/ the Roaring Thunder that splits / mighty trees;/ the all-seeing Lord up on high who sees / even the footprints of an antelope on a rock mass here on Earth./ You are the one who does / not hesitate to respond to our call./ You are the cornerstone of peace.*

Oração dos Nativos Norte-Americanos pela Paz

Ó Grande Espírito
de nossos ancestrais,
ergo meu cachimbo a vós;
A vossos mensageiros, os quatro ventos,
e à Mãe Terra que tudo provê
a seus filhos.
Dai-nos sabedoria para ensinar nossas crianças
a amar, a respeitar e a serem boas
umas com as outras, para que possam crescer
com a paz em suas mentes.
Ensinai-nos a compartilhar todas as coisas boas que
Vós nos proporcionais nesta Terra.*

** O Great Spirit / of our Ancestors,/ I raise my my pipe to you;/ to your messengers the four winds, and / to Mother Earth who provides / for your children./ Give us the wisdom to teach our childres / to love, to respect, and to be kind / to each other, so that they may grow / with peace in mind./ Let us learn to share all good things that / you provide for us on this Earth.*

Oração Muçulmana pela Paz

Em nome de Alá
O dadivoso, o misericordioso.
Glória ao Senhor do Universo
que nos criou e nos fez tribos e nações
para que possamos nos conhecer uns aos outros,
não para nos desprezarmos uns aos outros.
Se o inimigo for de paz
que sejamos também voltados para a paz,
e confiemos em Deus,
pois o Senhor é aquele que
a tudo ouve e de tudo sabe.
E os servos de Deus,
bem-aventurados aqueles que caminham
pela Terra com humildade,
e quando nos dirigimos a eles
nós os saudamos com a palavra "PAZ".

* *In the name of Allah / the beneficent, the merciful./ Praise be to the Lord of the Universe / who has created us and / made us into tribes and nations / that we may know each other,/ not that we may despise each other./ If the enemy incline towards peace,/ do thou also incline to peace, and / trust God, for the Lord is the one that / heareth and knoweth all things./ And the servants of God,/ most Gracious are those who walk on / the Earth in humility, and when we / address them, we say "PEACE".*

Oração Baha'i pela Paz

Seja generoso na prosperidade,
e grato na adversidade.
Seja justo em teu julgamento
e discreto em tuas palavras.
Seja uma lamparina para os que caminham
na escuridão, e um lar
para o estranho.
Seja os olhos para o cego e a luz
que guia os pés do errante.
Seja um sopro de vida para o
corpo da humanidade,
o orvalho para o solo do coração humano
e um fruto na árvore da humildade.*

* *Be generous in prosperity / and thankful in adversity./ Be fair in thy judgment,/ and guarded in thy speech./ Be a lamp unto those who walk / in darkness, and a home / to the stranger./ Be eyes to the blind, and a guiding light / unto the feet of the erring./ Be a breath of life to the body of / humankind, a dew to the soil of / the human heart,/ and a fruit upon the tree of humility,*

Oração Sikh pela Paz

Deus nos julga por
nossos atos,
não conforme nossas vestes:
porque a verdade está acima de tudo,
mas, mais acima ainda está viver na verdade.
Saiba que alcançamos a Deus quando amamos,
e só esta vitória
perdura, e por isso
ninguém sai derrotado.*

* *God adjudges us according / to our deeds,/ not the coat that we wear:/ that truth is above everything,/ but higher still is truthful living./ Know that we attain God when we love,/ and only that victory / endures in consequence of which no / one is defeated.*

Oração Cristã pela Paz

Bem-aventurados são os Emissários da Paz
pois eles serão conhecidos como
os Filhos de Deus.
Mas eu vos digo: ouvi e amai vossos inimigos
fazei o bem àqueles que vos odeiam,
abençoai aqueles que vos amaldiçoam,
orai por aqueles que vos atormentam.
Àqueles que vos batem na face,
oferecei a outra face,
e àqueles que vos tomarem o manto,
não impedi que vos tomem também o casaco.
Ajudai a todos que vos pedirem
e daqueles que vos tomarem os bens
nada tenteis recuperar.
E aquilo que desejais que vos façam,
fazei o mesmo a eles.*

* *Blessed are the PEACEMAKERS / for they shall be known as / the Children of God./ But I say to you that hear, love your enemies / do good to those who hate you,/ bless those who curse you./pray for those who abuse you./ To those who strike you on the cheek,/ offer the other also and from those who take away your cloak,/ do not withhold your coat as well./ Give to everyone who begs from you/ and of those who take away your goods,/ do not ask them again./ And as you wish that others do to you,/ do so to them.*

Para finalizar, gostaria de oferecer esta versão mais curta das orações pela paz que são mais fáceis de guardar na memória e boas para determinados momentos. São perfeitas para enriquecer uma cerimônia ou para se fazer sozinho.

Ofício Sagrado da Paz

Oração Hindu

Ó Deus, guia-nos do irreal para o real.
Ó Deus, guia-nos das trevas para a luz.
Ó Deus, guia-nos da morte para a imortalidade.
Shanti, Shanti, Shanti a todos.*

* *Oh God, lead us from the unreal to the real./ Oh God, lead us from darkness into light./ Oh God, lead us from death to immortality./ Shanti, Shanti, Santi unto all.*

Oração Budista

Que todos os seres atormentados por sofrimentos do corpo e da mente
Sejam rapidamente liberados de seus males.
Que todos os seres alcancem rapidamente a santidade de Buda.*

* *May all beings everywhere plagued of sufferings of body and mind,/ quickly be freed from their illnesses./ May all beings swiftly attain Buddhahood.*

Oração Zoroastriana

Oramos a Deus para que a compreensão supere a ignorância,
que a generosidade triunfe sobre a indiferença,
que a confiança triunfe sobre o desprezo,
e que a verdade triunfe sobre a falsidade.*

* *We pray to God that understanding will triumph over ignorance,/ that generosity will triumph over indifference,/ that trust will triumph over contempt,/ and that truth will triumph over falsehood.*

Oração Jainista

Paz e o Amor Universal são a essência de todos os Evangelhos.
Perdôo a todas as criaturas,
e que todas as criaturas me perdoem.*

* *Peace and universal love is the essence of all the Gospels./ Forgive do I creatures all,/ and let all creatures forgive me.*

Oração Judaica

Venha, vamos subir a montanha do Senhor
para que trilhemos o caminho do Altíssimo.
e transformaremos nossas espadas em arados
e nossas lanças em podões.*

* *Oh come let us go up to the mountain of the Lord,/ that we may walk the paths of the Most High./ And we will beat our swords into ploughshares / and our spears into pruning hooks.*

Oração Xintoísta

Desejamos ardentemente que o vento sopre logo para longe
as nuvens que pairam nos topos das montanhas.*

* *We earnestly wish that the wind will soon puff away / all the clouds hanging over the tops of the mountains.*

Oração dos Nativos Africanos

Vós sois aquele que não hesita em responder ao nosso chamado,
Vós sois a pedra fundamental da paz.*

* *For you are the one who does not hesitate to respond to our call,/ you are the cornerstone of peace.*

Oração dos Nativos Norte-Americanos

Dê-nos a sabedoria de ensinar nossos filhos a amar,
a respeitar e a serem bons uns com os outros,
para que possamos crescer com a paz em nossas mentes.*

* *Give us the wisdom to teach our children to love,/ to respect and to be kind to one another,/ that we may grow with peace in mind.*

Oração Muçulmana

Glória ao Senhor do Universo
que nos criou e nos fez tribos e nações
para que possamos nos conhecer uns aos outros,
não para nos desprezarmos uns aos outros.*

* *Praise be to the Lord of the Universe,/ who has created us and made us into tribes and nations / that we may know each other,/ not despise each other.*

Oração dos Baha'i

Seja um sopro de vida para o corpo da humanidade,
o orvalho para o solo do coração humano
e um fruto na árvore da humildade.*

* *Be a breath of life unto the body of human kind,/ a dew upon the human heart,/ and a fruit upon the tree of humility.*

Oração Sikh

Saiba que alcançamos a Deus quando amamos,
e só esta vitória perdura, e, por isso,
ninguém sai derrotado.*

* *Know that we attain God when we love,/ and only that victory endures in consequence of which / no one is defeated.*

Oração Cristã

Amai vossos inimigos
fazei o bem àqueles que vos odeiam,
abençoai aqueles que vos amaldiçoam,
orai por aqueles que vos atormentam.
Bem-aventurados sejam os Emissários da Paz
pois eles serão chamados de Filhos de Deus.*

** Love your enemies,/ do good to those who hate you,/ bless those who curse you,/ pray for those who abuse you./ Blessed be the Peacemakers,/ for they shall be called the Children of God.*

Esta obra foi impressa em sistema digital sob demanda e corresponde
ao consumo de 1,1 árvores plantadas sob a norma ISO 14001.
RECICLE SEMPRE.

Responsabilidade Livros Sob demanda Ambiental

Linear B gráfica
www.linearb.com.br
Tel.(11)3812-2817